Napp-Peters · Familien nach der Scheidung

Anneke Napp-Peters

Familien nach der Scheidung

Verlag Antje Kunstmann

1. Auflage 1995

Umschlaggestaltung: Michel Keller
Satz: Frese, München
Druck und Bindung: Clausen & Bosse, Leck
ISBN 3-88897-159-4

Inhalt

Danksagung

In dieser Langzeitstudie habe ich 150 Scheidungsfamilien über 12 Jahre begleitet. Mein Dank gilt den 304 Müttern, Vätern und Kindern sowie den hinzugekommenen Stiefmüttern und Stiefvätern, die uns Einblick in ihr Familienleben gaben und uns in langen Interviews an ihren Erfahrungen und Einstellungen teilhaben ließen.

Ich danke Frau Prof. Dr. Erika Spiegel, die mir ihre Zeit und ihr Wissen großzügig zur Verfügung stellte und das Forschungsprojekt mit vielen Anregungen unterstützte.

Um 150 Familien nach 12 Jahren wieder aufzufinden, mußten zahlreiche technische, organisatorische und zwischenmenschliche Hindernisse überwunden werden. Bei der Organisation und Durchführung der Interviews unterstützten mich Barbara Brörmann, Heike Herrmann, Margarete Schmidt, Dörte Siedenburg und Inge Stöckling. Ihnen allen sei für ihre große Kooperationsbereitschaft herzlich gedankt.

Renate Gehlsen-Lorenzen war für die technische und finanzielle Abwicklung des Forschungsprojekts zuständig. Ingrid Wehrmann hat die Datenübertragung vorgenommen und half bei der elektronischen Datenverarbeitung. Auch ihnen gilt mein herzlicher Dank.

Es war nur möglich, das Forschungsprojekt in seiner geplanten Form durchzuführen, weil es sowohl in der ersten als auch in der zweiten Erhebungsphase von der Deutschen Forschungsgemeinschaft (DFG) finanziell unterstützt wurde.

Hamburg, im Juni 1995 *Anneke Napp-Peters*

1. Kapitel

Von der Einelternfamilie zur Mehrelternfamilie

Immer mehr Menschen lassen sich scheiden. Dieser Trend scheint für westliche Industrieländer unaufhaltsam zu sein. In Deutschland wird jede dritte der heute geschlossenen Ehen durch Scheidung wieder aufgelöst[1], in den Großstädten der USA schon jede zweite. Wenn von Scheidung gesprochen wird, denkt man zuerst an das Paar, das sich trennt. In gut der Hälfte der Fälle betrifft es aber eine Familie.[2] Was wird dann aus den Kindern? Wie bewältigen Kinder die Scheidung ihrer Eltern, und wie reagieren sie, wenn ihre Eltern einen neuen Partner finden? Welche Auswirkungen hat die Scheidung auf die Familienbeziehungen, und was trägt dazu bei, daß Eltern und Kinder die Scheidung einigermaßen zufrieden und ausgeglichen überwinden?

Als ich 1979 mit den Vorbereitungen für diese Studie begann, war noch wenig darüber bekannt, wie Menschen emotional mit einer Scheidung fertig werden und welche sozialen Folgen die Scheidung für die Betroffenen hat. Die vorherrschende Meinung war, daß eine Scheidung eine vorübergehende Krise darstelle, die nach einiger Zeit von selbst überwunden würde. Damals drehte sich die Fachdiskussion vor allem darum, wie entscheidend die ersten ein bis zwei Jahre nach einer Trennung für die Familienmitglieder sind, und die meisten Sozialpädagogen und Therapeuten waren zuversichtlich, daß die Kinder nach einer Anpassungsphase damit zurechtkämen, daß sie in der Lage sein würden, die Scheidung hinter sich zu lassen und ihr Leben produktiv zu gestalten. Meine Untersuchungsergebnisse aus der ersten Erhebungsphase von 1980/81 machten jedoch deutlich, daß die Scheidung für alle Betroffenen – Eltern wie Kinder – eine ernstzunehmende traumatische Erfahrung darstellt. Die meisten der 269 Kinder aus unserer Studie erlebten die Scheidung der Eltern als einen schweren Einbruch in ihre Lebenswelt, der sie vorübergehend aus dem Gleichgewicht brachte und von ihnen grundlegende Umstellungen erforderte. Typische unmittelbare Reaktionen auf die Scheidung waren Trennungsängste, Depressionen und Schuldgefühle. Bei einigen Kindern zeigten sich diese Gefühle in einem aggressiven Verhalten, häufigen Wutanfällen oder Lügen. Jedes fünfte Kind reagierte auf die Trennung der Eltern mit Sprachstörungen, Hautausschlag oder Magen- und Darmstörungen.

Die mit der Scheidung verbundenen Erfahrungen wirken sich bei Kindern verschiedener Altersstufen unterschiedlich aus.[3] Zwar klingen die Symptome in der Regel nach ein bis zwei Jahren ab, wenn das Kind sich auf die neue Familiensituation eingestellt hat, entscheidend für seine weitere psychosoziale Entwicklung und emotionale Stabilität ist jedoch der kontinuierliche Kontakt zu beiden geschiedenen Eltern. So konnten wir feststellen, daß bei Kindern, die den Kontakt zum getrennt lebenden Elternteil nach der Scheidung verloren hatten, Verhaltensauffälligkeiten und psychosoziale Störungen am ausgeprägtesten waren. Kinder dagegen, deren Eltern es gelungen war, auch nach der Trennung ihre Elternrolle gemeinsam oder in Absprache miteinander wahrzunehmen, hatten die wenigsten Schwierigkeiten, sich auf die veränderte Familiensituation einzustellen.

Kontinuierliche Familienbeziehungen sind aber nicht nur für das Kind wichtig. Auch der Elternteil, der den Familienhaushalt verläßt, ist auf regelmäßige Kontakte zu seinen Kindern angewiesen. Diese helfen ihm, sich seiner elterlichen Identität zu versichern und seine oft angeschlagene emotionale Stabilität wiederzuerlangen. Wir haben Eltern getroffen, deren Gesundheit und psychisches Wohlbefinden über einen langen Zeitraum sehr beeinträchtigt waren und die – obwohl sie es waren, die die Scheidung gewollt und auch eingereicht hatten – noch sehr lange unter Trennungsfolgen zu leiden hatten.

Hat die Scheidung also auch langfristige Auswirkungen, und wenn ja, wie sehen diese aus? Bisher haben nur einige amerikanische Studien die langfristigen Auswirkungen von Scheidung und Wiederheirat auf Kinder unterschiedlichen Alters und Geschlechts untersucht. Mavis Hetherington (1979; 1985) fand heraus, daß Kindern aus geschiedenen Familien häufiger »negative Lebensveränderungen« widerfuhren als Kindern aus nicht geschiedenen Familien: Sie lebten in Armut, hatten eine Mutter, die mit ihrer Erziehung häufig überfordert war, und waren tagsüber oft ohne Aufsicht. Zwei Jahre nach der Scheidung hatten sich die Mädchen aus ihrer Untersuchungsgruppe gut an die veränderte Familiensituation angepaßt, während bei den Jungen die Verhaltensschwierigkeiten andauerten. Judith Wallerstein (1989) beobachtete 60 Familien über einen Zeitraum von zehn Jahren. Ihre klinisch orientierte Untersuchung zeigt, daß eine Scheidung nicht nur voraussagbare Auswirkungen auf die Kinder hat, sondern auch einen Schatten ins Erwachsenenleben wirft und die Fähigkeit von Erwachsenen beeinträchtigen kann, ihr Leben selbständig zu gestalten. Viele Erwachsene hatten später ständig Probleme in Partnerbeziehungen; Kinder litten unter mangelnder Selbstachtung und einem gestörten Gefühlsleben. Wallersteins Buch, das sich exemplarisch mit den Erfahrungen von drei Familien auseinandersetzt, entwirft ein negatives Bild, besonders was die Langzeitauswirkung auf Kinder betrifft, und es ist zu fragen, inwieweit ihre Ergebnisse verallgemeinert werden können und auf unsere Gesellschaft zu übertragen sind.

Meine zwölfjährige Forschungsarbeit mit 150 deutschen Scheidungsfamilien hat mich zu der Überzeugung gebracht, daß jede Scheidung kurzfristige und voraussagbare Symptome bei Kindern gleich welchen Alters hervorruft. Doch langfristig ist es nicht allein der Scheidungsverlauf, der darüber bestimmt, ob Kinder später als Erwachsene zu Intimität, Nähe und stabilen Beziehungen fähig sind. Ausschlaggebend sind vielmehr der Familienstil, der Umgang der Familienmitglieder untereinander, und hier vor allem die Beziehungen und elterlichen Aktivitäten nach der Scheidung[4], die es jedem Partner erlauben, verantwortlich am Leben seiner Kinder teilzunehmen.

> »Ich habe meinen Vater schon gebraucht ... Manchmal habe ich ihn zufällig auf der Straße getroffen. Er wollte von sich aus keinen Kontakt mehr. Heute möchte er wieder Kontakt haben, aber ich habe Schwierigkeiten, mich mit ihm zu treffen, weil ich meiner Mutter damit wehtun würde. Er ist heute ganz freundlich und offen. Ich hab gesagt: Bedingung ist, daß sich meine Eltern grüßen.« *(Angelika L., 20 Jahre)*

Der zwölfjährige Forschungsrahmen der Studie

Die 150 Scheidungsfamilien aus dieser Längsschnittstudie lebten zum Zeitpunkt der ersten Erhebung 1980/81 in 23 ausgewählten Kommunen Norddeutschlands. Ihre Anschriften waren mir als Zufallsstichprobe von den dortigen Einwohnerämtern zur Verfügung gestellt worden.[5] In 100 Familien hatte die geschiedene Mutter und in 50 Familien der geschiedene Vater die alleinige elterliche Sorge für die im Haushalt lebenden Kinder. Insgesamt sind die Daten von 269 Kindern und Jugendlichen in die Untersuchung eingegangen. Ein weiteres Auswahlkriterium, um das ich die Einwohnerämter gebeten hatte, betraf das Alter der Kinder. In Mutter- und Vaterfamilien lebten jeweils zur einen Hälfte Kinder im Vorschulalter und zur anderen Hälfte Schulkinder im Alter von 6 bis 16 Jahren.

Mit den Auswahlvorgaben hinsichtlich Alter der Kinder und Geschlecht des sorgeberechtigten Elternteils wollte ich auch Hypothesen überprüfen, die amerikanische Forscher aufgestellt hatten. In verschiedenen Studien[6] über Kinder, deren Eltern getrennt lebten, hatten sie herausgefunden, daß Jungen im Vorschulalter unter 6 Jahren und im Grundschulalter von 6 bis 10 Jahren mehr Verhaltensauffälligkeiten zeigten als Mädchen dieser Altersgruppen. Santrock und Warshak (1979) stellten Probleme aber nur dort fest, wo der sorgeberechtigte Elternteil das gegenteilige Geschlecht aufwies wie das Kind.[7] Meine Forschungsergebnisse stimmen mit den amerikanischen Studien darin überein, daß Jungen länger brauchen, sich auf die Scheidung einzustellen, und daß sie insgesamt größere Verhaltensprobleme zeigen.[8]

Die Jungen in unserer Untersuchung schienen für viele Arten von Streß anfälliger zu sein als die Mädchen. Sie litten häufiger unter Schulängsten und hatten mehr Lernschwierigkeiten. Immer wieder konnte ich auch beobachten, daß Jungen und Mädchen ihre Gefühle verschieden ausdrücken. Mehr Jungen als Mädchen reagierten auf die Scheidung der Eltern mit einem destruktiven, antisozialen Verhalten. Einige störten in der Schulklasse, waren aggressiv oder gar gewalttätig, andere hatten Konzentrationsschwierigkeiten und gebärdeten sich hyperaktiv. Doch es gab auch Jungen, die sich von ihrer Umwelt abkapselten. Sie zogen sich von ihren Freunden zurück, gaben Aktivitäten auf, die ihnen vorher viel bedeutet hatten, und verbrachten statt dessen die Zeit allein in ihrem Zimmer.

Mädchen behalten in der Regel ihre Gefühle für sich. Bei den meisten Mädchen verschlechterten sich in unserer ersten Erhebungsphase die Schulleistungen nicht, so daß sie seltener eine Klasse wiederholen mußten als Jungen. Von außen erweckten sie oft den Eindruck, als könnten sie mit der Scheidung der Eltern gut umgehen und machten mehr Anstrengungen, sich der veränderten Familiensituation anzupassen. Sie entwickelten früh die Fähigkeit, die Perspektive Erwachsener zu verstehen, und wurden mehr und verantwortlicher als Jungen zur Arbeit im Familienhaushalt herangezogen. Aber die Gefühle von Traurigkeit, schmerzlichem Verlust und Verlassenheit nagen an ihnen und zeigen sich meist in ihrem Verhalten, wenn sie die Adoleszenz erreicht haben. Daß Mädchen ihre Empfindungen häufig vergraben, auch um den Elternteil, bei dem sie aufwachsen, nicht zu verletzen, konnte ich nach 12 Jahren feststellen. Gerade Mädchen, die noch sehr jung waren, als ihre Eltern sich scheiden ließen, und die mit der Scheidung zugleich den Kontakt zu einem Elternteil verloren hatten, sind besonders gefährdet. Sie haben oft keine Erfahrungen im Umgang mit einem liebevollen Vater und darum weniger Möglichkeiten, die sozialen Fähigkeiten und das Selbstvertrauen zu erwerben, die notwendig sind, um Beziehungen zu Jungen und Männern angemessen zu gestalten. In vielen Fällen sind ihre Erinnerungen an Männer mit Ängsten und mit einem Gefühl der Ablehnung verbunden.

Die Forschungsergebnisse unserer ersten Erhebungsphase dokumentieren, daß jede Scheidung mit Konflikten und Streß verbunden ist und bei einem Teil der Kinder, aber auch einigen Erwachsenen anhaltende Störungen hervorruft. Wie aber sind die langfristigen Auswirkungen einer Scheidung für Erwachsene und Kinder einzuschätzen? Wie ist es den 59 Kindern – 22 Prozent unserer Stichprobe – ergangen, bei denen die scheidungsbedingten Probleme damals noch andauerten? Sind ihre Störungen in der Zwischenzeit abgeklungen? Sind auch bei solchen Kindern, die zunächst unauffällig waren, in einer späteren Altersphase Störungen aufgetreten? Welche Faktoren tragen dazu bei, daß Erwachsene und Kinder die Scheidungserfahrung ohne psychische Schäden überwinden oder anders gefragt, inwieweit gelingt es Erwachsenen und Kindern, sich nach der Scheidung als Familie neu zu organisieren?

Mich interessierte außerdem, welche Veränderungen sich in der Zusammensetzung der Familie und in den Einstellungen der Familienmitglieder vollzogen hatten. Nach mehr als einem Jahrzehnt – es waren genau 12 Jahre vergangen, als wir wieder Kontakt zu den Familien aufnahmen – hatte sich in den 150 Familien der Stichprobe nicht nur durch Alter und Familienzyklus einiges geändert; es waren auch andere, bewußt vorgenommene Umwandlungen in der Familienstruktur zu erwarten. Was versteht jeder unter Familie, wer gehört dazu? Welche Lebensform hat sich in der Familie nach der Scheidung herausgebildet, und welche Anpassungsleistungen fordert sie von den Familienmitgliedern?

Meine fünf Mitarbeiterinnen und ich haben in der zweiten Erhebungsphase von 1992/93 die beiden geschiedenen Eltern, die hinzugekommenen Stiefeltern und vor allem die Kinder nach ihren Erfahrungen im Zusammenhang mit der Scheidung, mit dem Familienleben nach der Scheidung und, wo dies zutraf, mit der Wiederheirat der Eltern befragt. Die Erfahrungen der Kinder sind mir besonders wichtig, weil es uns in der ersten Erhebungsphase von 1980/81 nicht gestattet war, die Kinder persönlich zu befragen[9], wir waren damals auf die Angaben der Eltern, Lehrer und Erzieher angewiesen. Jetzt haben wir uns von den »Kindern«, die heute zwischen 14 und 28 Jahre alt sind, sehr detailliert schildern lassen, wie ihre Lebensumstände gegenwärtig aussehen. Wir haben ihnen Fragen gestellt, die uns Einblick in ihre Beziehungen, Gefühle, Konflikte, Einstellungen, Hoffnungen und Träume geben sollten. Mich interessierte auch, welche Erinnerungen sie an die Scheidung der Eltern haben, wie sie die Auswirkungen auf sich und ihre Eltern beschreiben würden und welche Bedeutung ihre Erfahrungen mit der Scheidung der Eltern für ihre eigenen Lebensentscheidungen hatten oder noch heute haben.

Ein wichtiges Strukturmerkmal der 150 Nachscheidungsfamilien unserer Stichprobe ist, daß es für die Kinder außerhalb des Haushalts, in dem sie leben, einen weiteren Elternteil gibt. Die Ergebnisse der ersten Erhebungsphase haben gezeigt, daß Kinder in mehr oder weniger ausgeprägter Weise Mitglieder zweier Haushalte sein können. Bei gut einem Viertel der von uns untersuchten Familien hatte sich nach der Scheidung ein Familiensystem herausgebildet, in dem die geschiedenen Eltern sich die Verantwortung für ihre Kinder geteilt oder zumindest dafür gesorgt hatten, daß dem Kind eine kontinuierliche Beziehung zu beiden Eltern erhalten blieb. Ich wollte wissen, als wie stabil sich diese Zwei-Haushalte- oder Zwei-Kern-Familien[10] erwiesen haben. Welchen Einfluß haben sie auf die Definition von Familie und Familienzugehörigkeit? Haben sich in der Zwischenzeit Veränderungen in dem Verhalten der Eltern zueinander oder in der Beziehung des Kindes zu seinem nichtsorgeberechtigten Elternteil ergeben, und worauf beruhten sie? Wurden eventuell andere Lösungen gefunden, um die Familienbeziehungen aufrechtzuerhalten? Hält der nichtsorgeberechtigte Elternteil die damals getroffene Entscheidung, sein Kind oder seine Kinder bei dem ehemaligen Partner aufwachsen zu lassen, heute noch für richtig?

In der ersten Erhebungsphase waren meine Fragen an die Eltern auf ihre damalige Situation als alleinstehende Haushaltsvorstände ausgerichtet, auf den Umgang mit dem getrennt lebenden Elternteil und auf die Reaktion der Kinder auf die Scheidung. In der zweiten Erhebungsphase konzentrierten wir uns auf Fragen nach der familialen Entwicklung und untersuchten die langfristigen Auswirkungen einer Scheidung und Wiederheirat auf die Familienstruktur und auf die psychosoziale Entwicklung der Familienmitglieder. Besondere Aufmerksamkeit galt dabei den neu hinzugekommenen Familienmitgliedern.

Der Eintritt eines neuen Partners in die Familie, der mit der Wiederheirat zu einem Stiefelternteil wird, bringt ganz spezifische Probleme mit sich, die von allen Familienmitgliedern eine Vielzahl von Anpassungsleistungen fordern.[11] Vor welchen Schwierigkeiten stehen Paare, wenn sie zwei Haushalte zu einem Familienhaushalt zusammenschließen? Welche Probleme ergeben sich für die neue Ehe, wenn Kinder aus einer früheren Ehe mit hineingebracht werden? Wie gestaltet sich die Beziehung zwischen Stiefgeschwistern und zwischen Geschwistern in der Mehrelternfamilie?[12] Wirkt sich die Beziehung zwischen Stiefeltern und Stiefkind auf die kindliche Entwicklung aus und wie beeinflußt sie die Familienstabilität? Inwieweit haben Freunde und Verwandte Einfluß auf das Familienleben?

Während es für die Kernfamilie ein typisches Strukturmuster von Mutter, Vater und abhängigen Kindern gibt und relativ eindeutig definiert ist, wer zur Familie gehört und welches Verhalten von den verschiedenen Familienmitgliedern erwartet wird, fehlen solche allgemein akzeptierten

Normen und Verhaltenserwartungen für die Mehrelternfamilie. Stiefeltern nehmen faktisch Elternaufgaben wahr, elterliche Rechte und Verantwortung werden ihnen aber gesetzlich vorenthalten oder auch von Familienmitgliedern bestritten. Wie ungesichert ihr Familienstatus ist, äußert sich auch darin, daß ihre Stiefelternrolle juristisch gesehen nur so lange existiert, wie sie mit dem biologischen Elternteil verheiratet sind. Endet ihre Ehe mit der Scheidung oder durch Tod des biologischen Elternteils, haben sie keinen rechtlichen Anspruch auf ihre Stiefkinder. Die elterliche Sorge wird vielmehr automatisch dem außerhalb des Haushalts lebenden nichtsorgeberechtigten Elternteil übertragen, auch wenn dieser sich nie um sein Kind oder seine Kinder gekümmert hat.

Mehrelternfamilien müssen für viele Aufgaben und Problembereiche, in denen sie sich nicht an vorgegebenen Verhaltensmustern orientieren können, individuelle Lösungen erarbeiten, was zu einer Vielzahl von Konflikten führen kann. Von den Stiefeltern wollte ich deshalb erfahren, mit welchen Schwierigkeiten sie konfrontiert waren, als sie in die Familien kamen, wie sie ihre Rolle als Stiefeltern verstehen und gestalten und wie ihre Beziehung zu den Stiefkindern aussieht. Der wichtigste Informant war in der zweiten Erhebungsphase wiederum der Elternteil, der nach der Scheidung die elterliche Sorge erhalten hatte und bei dem die Kinder aufgewachsen sind. Wir haben diese Mütter und Väter ausführlich über das Leben der Familie und der einzelnen Familienmitglieder während der vergangenen zwölf Jahre befragt. Weiter wollten wir wissen, wie sich die Beziehung zwischen den Eltern und zwischen Eltern und Kindern verändert hatte. Welche Verhaltensweisen und Reaktionen haben die Eltern bei ihren Kindern beobachtet? Welchen Belastungen waren sie selbst ausgesetzt, und wie haben sie diese bewältigt? Außer Fragen nach ihrem Berufsleben, nach Freundschaften, Verwandtschaftsbeziehungen und neuen Partnerschaften wollten wir von den Eltern auch wissen, wie sie sich die Zukunft für sich und ihre Kinder vorstellen und welche Wünsche sie hierzu haben. Alle Eltern haben wir nach ihren Ansichten zu Sorgerechtsregelungen, insbesondere zur gemeinsamen elterlichen Sorge nach der Scheidung befragt und nach den Erfahrungen, die sie im Umgang miteinander, mit Erziehungsentscheidungen und Besuchsregelungen gemacht haben.

Familien sind komplexe und vielschichtige Lebenswelten. Trotz struktureller Gemeinsamkeiten ist jede einzigartig, eine Welt für sich. Um diese Familienwelt zu erschließen und die ihr eigenen Strukturmerkmale herauszuarbeiten und vergleichbar zu machen, bedarf es besonderer Methoden. Für die zweite Erhebung habe ich deshalb eine Kombination von biographischer Methode und repräsentativem Verfahren gewählt.[13] Mit dem repräsentativen Verfahren der Fragebogenerhebung (strukturierte Interviews) habe ich Hypothesen zur Familienentwicklung und zu Scheidungsfolgen überprüft, um generalisierbare Aussagen über die langfristigen Auswirkungen der Scheidung auf Kinder und Erwachsene zu gewinnen. Daneben habe ich mit der biographischen Methode versucht, Familienbiographien aus der Sicht der Betroffenen nachzuzeichnen, um einen Eindruck davon zu vermitteln, mit welchen Lebensentwürfen die Befragten selbst versucht haben, ihr Leben zu verstehen und zu gestalten.

Der Einfluß von Zeit und Armut

Über die Schwierigkeiten, Familien im Rahmen einer Längsschnittuntersuchung nach zwölf Jahren wieder aufzuspüren und für die Teilnahme an einer zweiten Erhebung zu gewinnen, liegen in Deutschland noch kaum Forschungserfahrungen vor. In der zweiten Erhebungsphase taten sich vielfältige Probleme vor uns auf. Zum einen stellte sich heraus, daß rund 40 Prozent der Familien nicht mehr unter der alten Anschrift anzutreffen waren. Wir versuchten zunächst über Nachbarn, andere Verwandte, frühere Arbeitgeber und schließlich über die Einwohnermeldeämter Auskunft über den Verbleib der Familie einzuholen. In den meisten Fällen hatten wir damit Erfolg. In 19 Prozent der Fälle blieb dagegen die Familie trotz zeitaufwendiger Recherchen für uns nicht auffindbar.[14]

Eine Analyse der Daten ergab, daß die nicht erfaßten Familien mehrheitlich zu den sozial benachteiligten Familien unserer ersten Erhebung gehört hatten. Vor zwölf Jahren lebte ein Viertel der Familien unserer Stichprobe an der Armutsgrenze. Bei den meisten (rund 70 Prozent) hatte sich die Lebenssituation in der Zwischenzeit nicht verbessert. Durch den Verlust ihres Arbeitsplatzes und aufgrund von Erwerbsunfähigkeit leben heute weitere 9 Prozent der Eltern in Armut. Berücksichtigt man ferner jene nicht erfaßten Familien, die in der ersten Erhebung zu den verarmten Familien zählten, dann folgt daraus, daß etwa jede dritte Scheidungsfamilie nicht nur in der »Kinderphase«, sondern lebenslang von Armut bedroht ist.

Was sind die Merkmale von Familien, die langfristig an der Armutsgrenze leben? Im Vergleich zu den bessergestellten Familien unserer Stichprobe haben Eltern aus diesen sog. »deprivierten« Familien überwiegend drei und mehr

Kinder aufgezogen, die in der Regel noch im Haushalt leben; sie haben sich nicht wieder verheiratet und sind in der Zwischenzeit auch keine feste Partnerschaft eingegangen, und es ist ihnen nicht gelungen, nach der »Kinderphase« ins Erwerbsleben zurückzukehren. Die Erziehung ihrer Kinder hat die meisten dieser Eltern für immer um die Chance gebracht, einen festen Arbeitsplatz zu finden. Einige Mütter und Väter waren in den vergangenen zwölf Jahren ein- oder zweimal befristet beschäftigt. Ihr Einkommen hat aber nie ausgereicht, um ihren Lebensunterhalt aus eigener Arbeit zu bestreiten, ohne auf Leistungen des Sozialamts angewiesen zu sein.

Ein grundsätzliches Problem in der zweiten Erhebungsphase hing unmittelbar mit dem Thema unserer Forschung zusammen.[15] Viele Menschen aus unserer Studie hatten die vergangenen 12 Jahre als eine Zeit des Umbruchs und zermürbender Unsicherheit erlebt. Durch die fortwährenden Auseinandersetzungen um Unterhaltszahlungen, aber auch durch den Verlust des Arbeitsplatzes oder die Wohnungsnot, hatten sich feindselige Einstellungen verfestigt und Persönlichkeiten verändert. Noch 15 Jahre nach ihrer Scheidung[16] präsentierten Eltern sich uns als »mißhandelte Frau« oder »zu Unrecht verlassener Mann«, und bei manchen Kindern waren die Spuren einer traumatischen Erfahrung noch lange nicht verwischt.[17] Unser Forschungsanliegen traf auf diese unterschwelligen Emotionen und rief nicht selten Mißtrauen hervor, das bei jeder fünften Familie zunächst als Ablehnung formuliert wurde.[18] In den meisten Fällen gelang es uns, mit zusätzlichen Briefen und Telefonaten solche Vorbehalte abzubauen. In einigen Fällen waren die Feindseligkeiten unter den Familienmitgliedern so groß, daß beispielsweise unser Anliegen, auch mit dem geschiedenen Partner sprechen zu wollen, auf Unverständnis und Ablehnung stieß und uns von Interviewten auch schon den Vorwurf eingebracht hat, ihr Vertrauen mißbraucht zu haben. Einfühlungsvermögen und Takt auf seiten der Interviewerinnen[19] waren erforderlich, zugleich aber auch ein überzeugendes Eintreten für die Ziele unserer Forschung – die Parteilichkeit ausschließt –, um Vorbehalten und Mißtrauensäußerungen entgegenzutreten.

Uns gelang es schließlich, in einem Zeitraum von 16 Monaten in 109 Familien (73 Prozent der ursprünglichen Stichprobe) 304 Interviews zu führen.[20] Darunter sind 7 Familien, in denen wir zwar mit Kindern und Stiefeltern, aber nicht mit dem Elternteil sprechen konnten, bei dem die Kinder aufgewachsen sind. Zwei der Eltern waren in der Zwischenzeit verstorben, weitere drei Eltern wurden stationär betreut und waren so schwer erkrankt, daß ein Interview nicht möglich war. Ein Vater lehnte das Interview ab, ein weiterer Vater war nach Südamerika ausgewandert und für uns nicht erreichbar. Insgesamt haben wir mit 102 Eltern, 35 Vätern und 67 Müttern, ein Interview führen können.

Vier Familien waren derart zerstritten, daß die Eltern keine konkreten Angaben über den Aufenthalt ihrer Kinder machen konnten. Drei Eltern erklärten sich zwar zu einem Interview bereit, wollten aber nicht, daß wir mit ihren Kindern sprechen, da diese »schon genug unter der Scheidung gelitten« hätten. Zwei Kinder lehnten ein Interview ab, weil sie »nichts mehr mit der Sache zu tun haben« wollten. Mit drei Kindern, die sich berufsbedingt oder zu Studienzwecken im Ausland aufhielten, kam ein Interview trotz vieler Anstrengungen nicht zustande. Insgesamt konnten wir mit 133 »Kindern« – 56 jungen Männern und 77 jungen Frauen – sprechen.

60 Prozent der Kinder unserer Stichprobe wuchsen nach

der Scheidung in einer Einelternfamilie auf, d.h. sie lebten mit der alleinstehenden Mutter oder mit dem alleinstehenden Vater zusammen. Obwohl die überwiegende Mehrzahl der Väter (rund 90 Prozent), aber nur 30 Prozent der Mütter vor zwölf Jahren den Wunsch geäußert hatten, sich wieder zu verheiraten oder in einer festen Partnerschaft leben zu wollen, sind nur 46 Prozent der Väter, aber 37 Prozent der Mütter eine neue Ehe oder feste Beziehung eingegangen. Insgesamt konnten wir mit 41 neu hinzugekommenen Partnern – 23 Stiefvätern und 18 Stiefmüttern – aus den 44 Mehrelternfamilien der Stichprobe ein Interview führen.

Zu unserer Überraschung stellten wir fest, daß die Scheidung auch 12 bis 15 Jahre danach noch eine zentrale Rolle im Leben vieler Erwachsener spielt. Dies betrifft sowohl einen Teil der sorgeberechtigten Eltern als auch etwa die Hälfte der 28 nichtsorgeberechtigten Eltern, mit denen wir im Rahmen unserer zweiten Erhebung sprachen. Einige litten unter Einsamkeit und unter der Entfremdung von ihren Kindern, andere fühlten sich vom Leben betrogen und waren enttäuscht und verbittert, wieder andere hatten bereits die zweite oder dritte Scheidung hinter sich. Etwa die Hälfte der interviewten nichtsorgeberechtigten Eltern war mit ihrem derzeitigen Leben zufrieden und hatte mit der Scheidung endgültig abgeschlossen. Sie bedauerten nur ihre Kinder, die sie als die eigentlichen Leidtragenden der Scheidung betrachteten.

In den meisten Familien war es sehr schwierig, etwas über den Aufenthalt des nichtsorgeberechtigten Elternteils herauszufinden. In der Regel baten wir die Kinder um Auskunft, da dies für uns am unverfänglichsten war. 14 der nichtsorgeberechtigten Eltern waren in der Zwischenzeit verstorben. Bei der Hälfte dieser Eltern gab es konkrete Hinweise dafür, daß sie sich das Leben genommen hatten.[21]

Bei einer Mutter und einem Vater haben wir die Anschrift einer Obdachlosenunterkunft herausgefunden, konnten aber den Kontakt nicht herstellen. Ein Vater war stationär in der psychiatrischen Abteilung eines Landeskrankenhauses untergebracht, ein weiterer in einer Strafvollzugsanstalt. Ähnliche Schicksale, wenn auch nicht in dieser Häufung, haben wir auch von Eltern erfahren, die nach der Scheidung die Sorge für die Kinder übernommen hatten. Doch scheint die Sorge für Kinder Eltern im Überlebenskampf widerstandsfähiger zu machen und sie vor dem völligen Abbruch von Kontakten und der Aufgabe ihrer sozialen Existenz zu bewahren.

Wie Nachscheidungsfamilien sich reorganisieren

Für einige Kinder besteht nach der Scheidung das Familiensystem aus einem mütterlichen und einem väterlichen Haushalt. In einer solchen »binuklearen« Familie oder Familie mit zwei Kernen lebte vor 12 Jahren gut ein Viertel der Kinder unserer Untersuchungsgruppe. Die Beziehungen, die zwischen den zwei Elternhaushalten bestanden, waren ebenso vielfältig wie die zwischen den geschiedenen Partnern. Einige Eltern unterstützten sich gegenseitig und waren in der Lage, die Partnerebene von der Elternebene zu trennen und ihre Beziehung vor allem auf das Kind auszurichten. Sie mochten immer noch Zorn und Enttäuschung empfinden, konnten sich aber als Eltern gegenseitig respektieren.

Diese Eltern haben sich gegen soziale Diskriminierungen aufgrund ihrer veränderten Familiensituation zur Wehr gesetzt und ihre Scheidung eher als eine »Reorganisation« denn als eine »Desorganisation« ihrer sozialen Beziehungen verstanden. Sagt dies auch nichts über das Ausmaß ihrer emotionalen Betroffenheit aus, ist es doch ein Zeichen dafür, daß sie diese und ihr Verantwortungsgefühl als Eltern auseinanderhalten konnten.

Anderen Eltern gelang dies nicht. Sie brauchten feste Regeln und Vereinbarungen, um als Eltern miteinander umgehen zu können. Und noch andere konnten trotz aller Absprachen und Vorsätze ihre tiefe Kränkung kaum überwinden.

> »Noch sehr lange, nachdem wir uns getrennt hatten, war ich ziemlich gegen meinen Mann eingenommen, und es gelang mir nicht immer, dies vor den Kindern verborgen zu halten ... Es waren schlimme Sachen passiert, und mein geschiedener Mann hatte mich zuletzt so schlecht behandelt, daß ich seine Anwesenheit einfach nicht ertragen konnte, auch wenn er nur kam, um die Kinder abzuholen ... Als mir der berufliche Wiedereinstieg geglückt und ich etwas zur Ruhe gekommen war, sah ich ein, daß die Kinder ihren Vater immer noch lieben und unter der Trennung von ihm sehr leiden ... Ich habe daraufhin meine Haltung geändert und mich um den Kontakt bemüht. Aber dafür war es inzwischen zu spät. Mein Mann ist nach B. gezogen, hat wieder geheiratet und kommt nur noch selten.« *(Mutter von 2 Kindern aus der ersten Erhebungsphase von 1980/81)*

60 Prozent der Kinder aus unserer Studie wuchsen nach der Scheidung in einer Einelternfamilie auf, in der ein kontinuierlicher Kontakt zum nichtsorgeberechtigten Elternteil meist nicht mehr vorhanden war. Das heißt, die Scheidung war in diesen Familien gleichbedeutend mit einem Abbruch aller familialer Beziehungen und einer Auflösung der Kernfamilie[22]. Dies impliziert zugleich, daß das Sorgerecht nur einem Elternteil zugesprochen wurde, was bedeutet, daß die

Rollen zwischen den beiden Eltern neu verteilt und vor allem die Beziehungen zwischen dem Kind und dem nichtsorgeberechtigten Elternteil neu definiert werden müssen.

Nachscheidungsfamilien, in denen sich der mit den Kindern lebende Elternteil wiederverheiratet hat, werden in der Fachliteratur »Stieffamilien« genannt. Ich verwende für die neue Familie den Begriff »Mehrelternfamilie«, da dieser die strukturellen Merkmale besser kennzeichnet und außerdem das Präfix »Stief« mit negativen Assoziationen besetzt und mit gesellschaftlichen Vorurteilen belastet ist. Darüber hinaus läßt sich die Familiensituation nach der Scheidung mit dem Begriff »Mehrelternfamilie« flexibler definieren. Mehrelternfamilien unterscheiden sich von der klassischen Kernfamilie durch sehr komplexe Familienbeziehungen. In Mehrelternfamilien werden verschiedene Formen der Elternschaft gelebt – biologische Elternschaft auf der einen Seite, faktische Elternschaft durch den Stiefelternteil auf der anderen. Auch ihnen ist wie allen Scheidungsfamilien gemeinsam, daß es für die Kinder außerhalb des Haushalts, in dem sie leben, einen weiteren Elternteil mit eigenem Haushalt gibt.

Wir hatten in unserer ersten Erhebung vor 12 Jahren festgestellt, daß es für die Frage, wie Kinder die Scheidung ihrer Eltern bewältigen, von großer Bedeutung war, daß Eltern auch nach der Trennung ihre Elternrolle gemeinsam oder in Absprache miteinander wahrnahmen.

Wie Tabelle 1 veranschaulicht, leben in insgesamt 40 Prozent der Nachscheidungsfamilien unserer Studie neue Partner der Eltern in der Familie – durchschnittlich seit 11 Jahren – und haben das Aufwachsen der Kinder zum großen Teil aktiv begleitet und unterstützt. Aber welche Rolle haben die außerhalb lebenden Eltern in diesen Familien? Werden sie in die Erziehungsverantwortung mit einbezogen,

Tabelle 1: Nachscheidungsfamilien nach Familienform

	Einelternfamilien mit Ausgrenzung / mit Integration des nicht-sorgeber. Elternteils		Mehrelternfamilien mit Ausgrenzung / mit Integration des nicht-sorgeber. Elternteils		
Mutterfamilien	36	7	20	5	**68**
Vaterfamilien	17	5	14	5	**41**
insgesamt	**53**	**12**	**34**	**10**	**109**

und können die Kinder offen ein intensives emotionales Verhältnis zu ihnen leben? Während in der ersten Erhebung noch 27 Prozent der Eltern im Interesse ihrer Kinder kooperierten, fällt dieser Anteil in der zweiten Erhebung niedriger aus. Nur in 12 Einelternfamilien und in 10 Mehrelternfamilien (insgesamt 20 Prozent, vgl. Tabelle 1) besteht noch Kontakt und ein gelegentlicher, in einigen Familien auch regelmäßiger Austausch unter den geschiedenen Eltern. Wie die Diskussion unserer Ergebnisse zeigen wird, wird die Beziehung der Eltern mit dem Älterwerden der Kinder schwächer und geht meist in ein »parallel parenting«[23], ein Nebeneinandererziehen über.

Bei der Auswertung des Forschungsmaterials habe ich die Einelternfamilien und die Mehrelternfamilien der Stichprobe danach unterschieden, ob sie den außerhalb lebenden nichtsorgeberechtigten Elternteil in das Familienbild und in die sozialen Kontakte der Familie integriert oder ob sie ihn ausgegrenzt haben (vgl. Tabelle 1). Wie verschieden die Lebenswelten sind, in denen sich das Kind nach der Scheidung zurechtfinden muß, veranschaulichen die vier familialen Grundmuster, die ich in den folgenden Kapiteln näher betrachten möchte.

1. Mehrelternfamilien als »Normal«familien (Kapitel 2)
Diese Familien haben die Tendenz, sich nach innen und außen als »normale« Familien darzustellen und zu begreifen. Ihnen ist es wichtig, die Besonderheiten in der Geschichte und Zusammensetzung ihrer Familie so wenig wie möglich zu thematisieren, dafür aber die emotionale Normalisierung ihrer Beziehungen zu betonen. Die außerhalb lebenden Eltern der Kinder haben keinen Anteil am Familiengeschehen. Sie werden nicht erwähnt, was für die Kinder bedeutet, daß sie mit ihren Gefühlen und Zweifeln allein zurechtkommen müssen.
2. Offene Mehrelternfamilien (Kapitel 3)
In diesen Mehrelternfamilien mit zwei Familien«kernen« unterhalten die geschiedenen Eltern weiterhin freundliche bis freundschaftliche Beziehungen, sehen sich gelegentlich bei Familienangelegenheiten und besprechen Fragen, die die Kinder betreffen, z.B. Ausbildungsfragen, miteinander.
3. Einelternfamilien, die kooperieren (Kapitel 4)
In diesen Familien hat der Elternteil, bei dem das Kind lebt, keinen neuen Partner; der andere Elternteil wird in die Erziehungsverantwortung mit eingebunden. Es handelt sich also nicht um eine Mehrelternfamilie mit Ausnahme jener Fälle, in denen der außerhalb lebende Elternteil wiedergeheiratet hat und das Kind auch zu dem Stiefvater oder der Stiefmutter regelmäßige Beziehungen unterhält. In diesen Familien ist der Kontakt des Kindes zum außerhalb lebenden Elternteil nie abgebrochen; oft bestehen regelmäßige, zum Teil intensive Kontakte.
4. Einelternfamilien, die ausgrenzen (Kapitel 5)
Die vierte und häufigste Form der Nachscheidungsfamilie ist die Einelternfamilie ohne Integration des außerhalb lebenden biologischen Elternteils. In diesen Familien wa-

ren nach der Scheidung die Familienbeziehungen zu dem außerhalb lebenden Elternteil ganz abgebrochen. Da kein neuer Partner hinzugekommen ist, besteht der Familienkern aus einem Elternteil und einem oder mehreren Kindern.

2. *Kapitel*

Mehrelternfamilien als »Normal«familien

Für die meisten Menschen ist das Leben in der Familie ein fester und wesentlicher Bestandteil ihres Lebensentwurfs. Unvorhergesehene Ereignisse wie etwa der frühzeitige Tod eines Elternteils oder eines Kindes, Arbeitslosigkeit, Invalidität, aber auch – wie im vorliegenden Fall – Scheidung und die oft schwierige Gründung einer neuen Familie werden als besondere Schicksalsschläge bzw. individuelle Probleme gesehen und erlebt, für deren Bewältigung es keine allgemein gültigen Verhaltensmuster gibt, sondern für die jeder selbst eine Lösung finden muß.

Eine der häufigsten Strategien in Mehrelternfamilien ist es, so zu tun, als wäre man eine ganz normale Familie aus Mutter, Vater und gemeinsamen Kindern. Die Kinder werden aufgefordert, den Stiefelternteil Mutter bzw. Vater zu nennen, und dieser hält es für seine Pflicht, von Anfang an auch elterliche Funktionen zu übernehmen. Häufig werden gerichtliche Namensgebungen beantragt, viele Stiefeltern ziehen sogar die Adoption[24] der Kinder in Erwägung, um sowohl rechtlich als auch nach außen hin den Eindruck einer »normalen« Familie entstehen zu lassen.

Warum stellt die Orientierung am Leitbild einer »normalen« Familie für Mehrelternfamilien eine so große Verlokkung dar? Viele Eltern aus unserer Studie quälte in der Zeit, in der wir sie als Alleinerziehende kennengelernt haben, das Schuldgefühl, ihren Kindern keine intakte Familie bieten zu können. Mit der Aufnahme des Stiefelternteils in die Familie sollten nun alle Familienmitglieder, vor allem die Kinder, für dieses vermeintliche Defizit entschädigt werden. Dahinter steht die Vorstellung, in einer vollständigen Familie würde man mit allen Problemen leichter fertig werden, und es wird erwartet, daß die neue Familie sofort gut funktionieren und glücklich sein muß. Dieses »Muß«, das auch Druck und Zwang beinhaltet, wird als eine Art Wiedergutmachung an den Kindern gerechtfertigt.

Die Strategie, die Besonderheiten der Familiensituation zu verdrängen und die »Normalität« der Familienbeziehungen zu betonen, verlangt von allen Familienmitgliedern, daß sie ihr Anderssein verbergen müssen.[25] Fremdheitsgefühle müssen verleugnet werden, negative Gefühle werden aufgestaut; oft schaffen sie sich durch plötzliche Aggressionsausbrüche oder durch anhaltende psychosomatische Beschwerden ein Ventil. Zur Strategie, das Anderssein zu verbergen, gehört auch, durch Besuchserschwernisse und anderes den außerhalb lebenden Elternteil auf Distanz zu halten und aus dem Familiengeschehen auszugrenzen, was oft mit seiner Abwertung einhergeht. Gerade nach einer problematischen Scheidungsgeschichte passiert es sehr häufig, daß der außerhalb lebende Elternteil von seinem geschiedenen Partner, aber auch von anderen Familienmitgliedern, etwa den Großeltern, abgewertet wird. Bemerkungen wie »er hat sich nie um das Kind gekümmert« oder »sie denkt nur an ihre berufliche Karriere« beschreiben solche negativen Bewertungen. Sie machen es dem Kind schwer, den Besuch beim außerhalb lebenden Elternteil unbelastet zu erleben oder auch nur den Wunsch zu äußern, den Vater oder die Mutter sehen zu wollen. Dem Stiefelternteil dagegen erleichtern sie es, sich als der »bessere Vater« oder »die bessere Mutter« zu fühlen und eine mögliche Rivalität zwischen sich und dem biologischen Elternteil abzuwehren. Gerne wird betont, wie schnell sich die Beziehungen »normalisiert« haben.

Frau A: Ja, der (Rolf) hat von Anfang an, der hat, glaub ich, drei oder vier Wochen Uschi gesagt, und dann hat er Mama zu mir gesagt.«[26]

Zuweilen wird in dem angestrengten Bemühen um »Normalität« auch ein quasi biologischer Anschluß hergestellt wie hier zwischen Stieftochter und Stiefvater:

Frau A: » Wenn Bernd (Stiefvater) nicht da ist, dann brauch ich nur Bärbel zu fragen. Sie hat am meisten von ihm, nicht die eigenen Kinder. Also das glaubt man nicht, von seinen ganzen Ansichten usw. und seinem Lebensstil und allem hat die Bärbel am meisten von allen dreien angenommen.«

Eine solche »biologische« Verknüpfung von nicht-biologischen Eltern und Kindern erinnert an die von Hoffmann-Riem für Adoptiveltern beschriebene »Konstruktion von Ähnlichkeit.«[27] Damit ist das Aufzeigen einer Ähnlichkeit zwischen einem nicht-biologischen Elternteil und dem Kind gemeint, die im Verhalten, in der Erscheinung, im Wesen oder im Charakter ausgemacht wird.

Frau B: »Marlene ist ein Wald- und Pflanzenmensch, kann man nicht anders sagen. Also der Angelteich ist das Größte, und die gestaltet permanent den Garten um und macht und tut, läßt also ihre Ideen raus, will auch Floristin lernen. Und mein Mann angelt auch sehr gern, ist also auch so'n halber Waldmensch. Die gehn auch morgens um vier Uhr los, um Pilze zu suchen.«

Wie groß das Wunschbild nach nicht mehr hinterfragter familialer Identität auch bei Stiefgeschwistern ist, wird im Gespräch mit Kindern aus Mehrelternfamilien deutlich.

Meike A: »Och, eigentlich geht es (mit Bärbel, Stiefschwester) ganz gut. Also doch wie unter Geschwistern. Ich genieß das eigentlich auch so. Im Kindergarten, da sagte die eine immer: Ja, deine Halbschwester, und dann flippte sie immer aus: Das ist nicht meine Halbschwester, das ist meine Schwester. Und heute ist das noch so: Wenn wir uns mal treffen, dann merkt man das nicht, wenn man es nicht weiß.«

Die Familiengründung wird in diesen Familien durch Eheschließung rechtlich untermauert. Beide Partner verwenden viel Energie darauf, möglichst schnell als Familie zusammenzuwachsen, sich als eine »ganz normale« Familie darzustellen, die Besonderheit ihrer Familienentstehung zurückzudrängen und vergessen zu lassen.

Frau B: »Mein Mann hat gesagt, ich heirate in eine Familie, und ist auch wirklich mit Pauken und Trompeten hinein und hat sich voll für die Kinder engagiert. Er ist mit zum Elternbeirat. Da hieß es dann, er darf nicht mit abstimmen, weil er nicht erziehungsberechtigt ist. Da ist er aufgestanden und hat vor versammelter Mannschaft gesagt: Dann stimmt keiner von uns beiden ab, meine Frau enthält sich auch der Stimme. Es ging darum, ob sonnabends noch Schule ist. Und er hat denen das auch klargelegt und hat darin auch wirklich von vielen Eltern recht bekommen. Er hat gesagt, ich zieh die Kinder auf, ich ernähre sie usw., und ich soll hier jetzt kein Stimmrecht haben. Auch wenn ich Nachtdienst hatte, ist er zum Elternabend gegangen, hat sich mit den Lehrern auseinandergesetzt, hat Klassenfahrten mit organisiert und, und.«

Der Wunsch nach Normalität zeigt sich auch in der Bereitschaft, die Kinder zu adoptieren, um durch den gemeinsamen Namen die Zusammengehörigkeit zu dokumentieren.

Frau B: »Als wir heirateten, das fand ich also ganz, ganz toll von meinem jetzigen Mann, da hat er zwei niedliche Ringe mit Herzen gekauft, und wir tauschten dann die Ringe und der Standesbeamte wollte weiter loslegen. Da hat er gesagt, Moment mal. Dann hat er die Ringe aus der Tasche geholt und den Mädchen jeder einen Ring gegeben ... Ja, ich war also, ich hab hier oben gegurgelt. Und da hat Wibke gesagt: Also irgendwie sehen wir das gar nicht ein. Wenn du uns auch gern hast, möchten wir auch B. heißen. Und dann hat mein Mann sich mit meinem Ex-Mann zusammengesetzt und hat gesagt, wie ist's mit Adoption oder Namensgebung. Er hat gesagt: Ja, ist okay. Er ist damit einverstanden.«

Für die faktische Elternschaft gibt es in diesen Mehrelternfamilien keinen Begriff; der Stiefelternteil wird als Vater oder Mutter verstanden und auch so genannt, was seiner Orientierung am Vorbild der biologischen Elternschaft entspricht. Er wird darin von seinem Ehepartner unterstützt.

Die außerhalb lebenden Eltern der Kinder haben keinen Anteil am Familiengeschehen und werden nicht erwähnt. Die Kinder tragen diesen Ausschluß des anderen biologischen Elternteils insoweit mit, als sie es nach einigen unglücklich verlaufenen Versuchen aufgegeben haben, Wünsche nach Kontakten zu äußern.

Rolf A: »'ne Zeitlang wollte ich mal (meine Mutter sehen), jetzt will ich nicht mehr. Meine Eltern haben mir erzählt, wie's meiner Schwester Meike ergangen ist. Und dann hab ich mir überlegt, erstmal müßte ich sie suchen, wo sie überhaupt wohnt. Dazu hab ich denn keine Lust gehabt. Dann hab ich das aufgegeben.«

Wie Rolf müssen viele Kinder in diesen Situationen mit ihren Gefühlen und Zweifeln allein zurechtkommen. Dies macht die Aussage von Frau A deutlich, die mit ihrer Tochter aus erster Ehe (Bärbel) und den zwei Kindern ihres Mannes aus erster Ehe (Rolf und Meike) zusammenlebt und jeglichen Kontakt zu den außerhalb lebenden biologischen Eltern der Kinder abgebrochen hat.

Frau A: »Ich war die ganz treibende Kraft und hab gesagt: Nicht noch mal. Ihr könnt mit mir alle machen, was ihr wollt, auch wenn das zu Rolfs Wohl ist, ich mach das nicht noch einmal mit. Da steh ich wie ein Fels in der Brandung, ob das nun gut ist oder nicht gut ist. Ich kann das nicht noch mal durchmachen, dieses Besuchsrecht und wie Meike gelitten hat. Das hab ich bei einem Kind erlebt, das war so schlimm mit Meike, daß ich zu Rolf gesagt hab, wenn, muß er das machen, und auch zu Bärbel, wenn sie nicht mehr in unserer Gemeinschaft wohnen. Wenn sie 'ne eigene Wohnung haben, dann können sie von mir aus Kontakt zu ihren anderen Elternteilen aufnehmen, aber solange ich direkt davon betroffen bin, gibt es das einfach nicht mehr, weil das könnte ich nicht noch mal durchstehn.«

Kinder wie Meike wiederum leiden einerseits unter der mütterlichen Zurückweisung, ebensosehr aber darunter, daß über die verdrängte Vergangenheit in der Familie nicht gesprochen werden darf. Dies löst Spannungen aus, belastet aber auch die Beziehungen der Kinder zu anderen Menschen. Der folgende Ausschnitt aus dem Interview mit Meike A zeigt, wie lange leidvolle Erfahrungen nachwirken, gerade wenn sie, wie hier, verdrängt wurden, und wie sehr sie die spätere Identitätsfindung der Kinder belasten.

Interviewerin: »Haben Sie denn noch Erinnerungen an die Zeit?«
Meike A: »Ich hab eigentlich viel verdrängt. Das kommt erst jetzt alles hoch. Ich hab mich gerade von meinem ehemaligen Partner getrennt. Und das kommt jetzt alles da voll mit rein, nachts in den Träumen und so. Also, das ist furchtbar (lacht). Also, das ist nicht so gut. Aber, na ja.«
Interviewerin: »Was kommt mit rein? Ich versuch das zu verstehen.«
Meike A: »Ich weiß das eigentlich selbst nicht so genau. Es ist so, daß ich oft aufwache, schweißgebadet, und dann war irgendwas, und das ist dann auch wieder vorbei, oder dieses Zähneknirschen und all so'n Kram. Da ist wohl noch viel von damals mit drin.«
Interviewerin: »Haben Sie denn damals auch Zähneknirschen und so was gehabt?«
Meike A: »Ne, damals hab ich immer das mit dem Spukken gehabt, daß ich mich dann so furchtbar übergeben hab und solche Sachen.«
Interviewerin: »Wie alt waren Sie damals?«
Meike A: »Acht oder neun. Ich weiß nicht mehr ganz genau.«
Interviewerin: »Wie sehen Sie denn Ihre Mutter?«
Meike A: »Also, ich hab kein gutes Bild von ihr. Ich denke, sie hat uns alle verlassen, damals. Und jetzt hat sie wieder 'nen Mann und wieder zwei Kinder. Und vielleicht, wenn die älter sind, dann sagt sie wieder: Also, ich hau jetzt ab und such mir wieder 'nen andern, oder so, ne. Und das find ich irgendwie nicht so gut. Ich denke, man sollte denn auch zu seinen Kindern stehn. Aber es

gibt eben viele Familien, wo das so ist. Mich hat damals immer viel belastet. Es gibt ein Buch, da ist der Vater das absolute Ungeheuer, und nur die Männer sind schlecht und es sind immer die Väter, die ihre Frauen betrügen und die ihre Kinder verlassen. Und daß es auch umgekehrt ist, das hat mich damals ziemlich wütend gemacht. Das fand ich immer furchtbar. Ich hab zu Frauen eigentlich ein ziemlich gestörtes Verhältnis. Also, ich hab auch keine Freundinnen, sondern nur Freunde.«

Bei diesen Mehrelternfamilien, die sich als »Normal«familien verstehen, war ein Leben des Kindes in zwei Elternhaushalten von vornherein ausgeschlossen. Der Kontakt zum außerhalb lebenden Elternteil stand zunächst unter strikten Abmachungen und wurde später ganz abgebrochen. Der außerhalb lebende Elternteil wurde meist nicht nur bewußt ausgegrenzt, sondern auch abgewertet. Die Kinder stellt der Verlust von Elternbeziehungen vor besondere Probleme, die in psychischen Verletzungen und in Schwierigkeiten mit der eigenen Identität ihren Ausdruck finden.

In diesen ausgrenzenden Mehrelternfamilien wird also bewußt nicht in biologische und soziale Elternschaft differenziert, vielmehr arbeiten Eltern und Stiefeltern darauf hin, dem Stiefelternteil durch Adoption den vollen rechtlichen Elternstatus zu geben.

Herr A.: »Unsere Absicht ist also, daß wir unsere im Moment noch eigenen Kinder gegenseitig adoptieren wollen oder werden, so daß praktisch die Kinder sich von ihren jeweiligen anderen Elternteilen, ja, scheiden lassen können oder scheiden lassen.«

Die Stiefelternadoption scheint bei diesen Mehrelternfamilien ihrer Konzeption von familialer Zusammengehörigkeit entgegenzukommen und ihrem Bedürfnis nach Annäherung an die Normalfamilie zu entsprechen.

Kinder im Loyalitätskonflikt

> »Nach der Scheidung meiner Eltern zog ich mich immer mehr von meinen Freundinnen zurück und war ziemlich isoliert in der Klasse. Mir kam es so vor, als ob jeder außer mir Vater und Mutter hatte. Ich litt schrecklich ... Meinen Vater sah ich anfangs noch, wenn er mich alle Monate besuchte. Damals träumte ich davon, daß meine Eltern sich wieder vertragen ... Dann lernte meine Mutter den Stiefvater kennen, und wir zogen in sein Haus. Ich habe sechs Jahre bei ihm gewohnt. Es gab ständig Streit zwischen uns. Besser wurde es erst, als ich meine Ausbildung auswärts machte und nur noch am Wochenende kam.« *(Monika W., 22 Jahre)*

Scheidungskinder betrachten sich selbst anders als Kinder, deren Familien zusammenblieben. Welche Probleme in ihrem Leben auch auftauchen mögen, sie neigen dazu, die Scheidung ihrer Eltern dafür mitverantwortlich zu machen. Besonders häufig ist dies der Fall bei jungen Erwachsenen, die mit Stiefeltern aufgewachsen sind, welche beanspruchten, den anderen Elternteil ersetzen zu wollen. Im Vergleich zu den Kindern aus offenen Mehrelternfamilien sind sie häufiger depressiv und fühlen sich weniger mit ihrem Leben zufrieden. Sie bezeichneten ihre Kindheit und Jugend oft als die unglücklichste Zeit in ihrem Leben.

Die Scheidung war bei den meisten dieser Familien von wütenden Auseinandersetzungen begleitet. Häufig kam es zu erbitterten Kämpfen um das Sorgerecht, wobei die Kinder Mittelpunkt eines Dramas waren, das sie nicht verursacht hatten und auf das sie keinen Einfluß nehmen konnten. Die Trennung der Eltern riß sie aus dem gewohnten Alltag und nahm ihnen ihr Gefühl für Sicherheit. Viele Befragte hatten noch lebendige Erinnerungen an die Situation, in der ihnen die bevorstehende Trennung der Eltern bewußt wurde.

> »Ich erinnere mich daran, daß sich meine Eltern tierisch gestritten haben, im Auto. Ich saß im Kindersitz, und einer von beiden wollte mich rausnehmen. Meine Mutter ist dann weggegangen. Sie kam ein- bis zweimal im Jahr, beschenkte mich zwar, war aber recht unzuverlässig. Immer wieder hat sie mich enttäuscht. Sie hat sich zu wenig um mich gekümmert, sagte vereinbarte Treffen oft ab.« *(Peter U., 18 Jahre)*

Viele Kinder mußten nach der Scheidung erfahren, daß auch das Verhalten der Menschen, von denen sie sich am meisten auf der Welt geliebt fühlten, sich drastisch ändern konnte. Eltern, die sie vorher liebevoll begleitet und an ihrem Leben Anteil genommen hatten, waren von einem Tag auf den anderen nicht mehr für sie erreichbar, meldeten sich nur noch selten und hielten Besuchsvereinbarungen nicht ein. Die meisten Kinder fühlten sich von ihren Eltern im Stich gelassen, und auch die Kinder, die zunächst noch regelmäßig besucht wurden, mußten die Erfahrung machen, daß der Kontakt zum nichtsorgeberechtigten Elternteil in den Jahren nach der Scheidung beständig abnahm. Oft hat eine neue Partnerschaft des außerhalb lebenden Elternteils die Besuche erschwert. Einige Kinder wurden damit konfrontiert, daß die neue Frau des Vaters sich weigerte, sie am Wochenende bei sich aufzunehmen.

60 Prozent der Kinder aus Mehrelternfamilien, die sich

als »Normal«familien verstehen, haben noch im ersten Jahr nach der Scheidung den Kontakt zum nichtsorgeberechtigten Elternteil verloren. Zum Teil lag dies an dessen Desinteresse, und es gab auch einige Kinder, die sich weigerten, den Elternteil, den sie für den Bruch der Ehe verantwortlich machten, weiterhin zu sehen. Die Hauptursache für den Kontaktabbruch liegt bei diesen Familien jedoch woanders. In den meisten Fällen war es der Elternteil, bei dem das Kind lebte, der sich den Besuchswünschen entgegenstellte. Nur jedes dritte Kind konnte zu Hause offen über den anderen Elternteil sprechen. Den meisten Kindern erging es wie Rolf und Meike A. Sie hatten das Bedürfnis, auch zu ihrer »richtigen« Mutter bzw. ihrem Vater weiterhin eine Beziehung zu haben, und mußten erfahren, daß dieser Wunsch als kränkend und illoyal empfunden wurde. Oft befanden sie sich in einer ausweglosen Situation. Bei der Scheidung der Eltern waren die meisten (63 Prozent) noch im Vorschulalter und von dem sorgeberechtigten Elternteil abhängig. Sie hatten keine Möglichkeit, sich eine eigene Meinung zu bilden oder eine autonome Beziehung zum anderen Elternteil zu entwickeln. In der Regel übernahmen sie die negative Einstellung der Mutter oder des Vaters, bei dem sie aufwuchsen. Als wir nach 12 Jahren mit den inzwischen zumeist erwachsenen Kindern sprachen, hatten nur noch knapp 20 Prozent gelegentlich Kontakt zu dem nichtsorgeberechtigten Elternteil. Häufig bestand nur eine telefonische Verbindung, einige trafen sich ein- bis zweimal im Jahr. Wie vollständig der andere Elternteil aus dem Bewußtsein dieser jungen Menschen verdrängt wurde, machen auch die Antworten auf unsere Frage deutlich: »Wer gehört für Sie zur Familie? Bitte nennen Sie mir alle Personen, die Sie persönlich zu Ihrer Familie zählen.« Nur in einem einzigen Fall wurde der nichtsorgeberechtigte Elternteil überhaupt erwähnt, von einer jungen Frau, als sie feststellte: »Mein Vater, eigentlich gehört er nicht so dazu.«

»Als meine Mutter sich mit dem Mann anfreundete, der später unser Stiefvater wurde, änderte sich vieles. Auf einmal drehte sich für sie alles um ihn. Wir waren nur noch Luft für sie ... Mein Stiefvater war für mich ein Eindringling in unser Familienleben. Es war ein schwerer Schlag, und bis heute kann ich ihn nicht ausstehen.« *(Susanne C., 25 Jahre)*

»Ich habe sehr unter der Stiefmutter gelitten. Das eigene, leibliche Kind dieser Frau, zwei Jahre jünger als ich, wurde von ihr stark bevorzugt ... Ich hatte Angst vor ihr. Ich konnte nicht selbst entscheiden, hatte keine Lebensfreude mehr. Ich wußte nicht, wie ich mich verhalten sollte, habe mich am liebsten gar nicht verhalten.« *(Jan F., 26 Jahre)*

Für Scheidungskinder ist die Erfahrung der Wiederheirat oft sehr bedrohlich und mit zahlreichen Schwierigkeiten verbunden. Es fällt ihnen schwer zu akzeptieren, daß ihre Eltern eine Liebesbeziehung zu einem neuen Partner aufgenommen haben und nicht mehr nur sie allein, sondern auch der neue Partner jetzt wichtig sind. Sie fühlen sich zurückgesetzt, reagieren eifersüchtig und betrachten den neuen Partner als Konkurrenten um die Gunst ihrer Mutter oder ihres Vaters. Findet die Wiederverheiratung schon kurz nach der Scheidung statt und leiden die Kinder noch unter dem Verlust des anderen Elternteils, sind sie wahrscheinlich nicht dazu bereit, einen neuen Erwachsenen in ihr Leben aufzunehmen, zumal wenn dieser als Ersatz für den verlorenen Elternteil angeboten wird. Sie empfinden dies als Verrat am eigenen Vater oder der Mutter und befürchten zudem, nun auch den Elternteil, bei dem sie leben, zu verlieren.

In etwa der Hälfte dieser Mehrelternfamilien hat sich zwischen Stiefeltern und Stiefkindern keine tragende emotionale Basis entwickelt. Belastend sind vor allem anhaltende Spannungen und Streitereien, als deren Ursachen Autoritätsprobleme, gegenseitige Ablehnung, das Vorziehen von Halb- oder Stiefgeschwistern, aber auch sexuelle Übergriffe und Alkoholismus genannt wurden. Stiefkinder haben oft eine Sündenbockfunktion, wenn die hochgespannten Erwartungen in die neue Familie enttäuscht werden und familiale Spannungen trotz aller Mühe um »Normalität« anhalten. Jedes dritte Kind in diesen Familien war körperlichen Strafen und groben Beschimpfungen ausgesetzt, auf die sie mit Verhaltensauffälligkeiten wie Weglaufen, Stehlen, Drogenkonsum bis hin zu psychosomatischen Beschwerden und Selbstmordversuchen reagiert haben. Etwa jedes zehnte Kind hat die Schule »geschmissen« oder eine Berufsausbildung nicht beendet. Bei manchen diente der frühe Eintritt in das Erwerbsleben auch dazu, den Familienhaushalt endlich verlassen zu können und finanziell auf eigenen Beinen zu stehen.

Die Strategie dieser Mehrelternfamilien, Familienmitglieder auszugrenzen, die ihren Normalitätsanspruch als Familie gefährden könnten, betrifft nicht nur den außerhalb lebenden Elternteil, sondern auch Kinder, bei denen Loyalitätskonflikte und Verlustängste auftreten und deren Auflehnung gegen die neue Familienform als belastend erlebt wird. Dabei nimmt die Ausgrenzung ganz unterschiedliche Formen an. Zwei Kinder wurden zum geschiedenen Partner zurückgeschickt, deren neue Partner damit plötzlich zu Stiefeltern wurden. Ein Kind kam in ein Internat, und zwei Kinder fanden Aufnahme bei Großeltern. Drei Kinder hat die kommunale Jugendhilfe in Heimen und in einem Fall in einer Pflegefamilie untergebracht, ein Kind lebt in einer jugendpsychiatrischen Anstalt. Daß darüber hinaus manche Kinder mit ihrem frühen Auszug aus der elterlichen Wohnung einer drohenden Ausgrenzung zuvorkamen, kann nur vermutet werden.

Die meisten Kinder empfanden den Stiefelternteil zunächst als Eindringling in ihr Familienleben und waren nicht bereit und manchmal auch emotional nicht in der Lage, eine enge Beziehung zu ihm einzugehen. Dahinter standen die Angst, den außerhalb lebenden Elternteil zu verlieren, und das Gefühl, in der neu zusammengesetzten Familie fremd und nicht erwünscht zu sein. Dennoch hat es etwa die Hälfte der Kinder geschafft, eine befriedigende und harmonische Beziehung zu ihrem Stiefvater oder ihrer Stiefmutter aufzubauen.

Welchen Kindern ist dies am besten gelungen? Zum einen spielt die Familiengeschichte eine Rolle. In den meisten solcher Familien, in denen die Kinder vor der Scheidung unter Vernachlässigung, gewalttätigen Ausschreitungen und Alkoholismus zu leiden hatten, hat sich die sozioökonomische Situation mit der Wiederverheiratung des sorgeberechtigten Elternteils wesentlich verbessert, was auch die Entwicklung von harmonischen Beziehungen zwischen Stiefkind und Stiefelternteil begünstigt haben mag. Ebenso bedeutsam sind das Alter des Kindes und die Stabilität der Ehe. Unter den Kindern, die die Beziehung zu dem Stiefelternteil als eng und herzlich bezeichneten (insgesamt 32 Prozent), sind vor allem jüngere Kinder. Zur Zeit unserer ersten Erhebung vor zwölf Jahren fühlten sie sich am elendsten, weil sie dem Scheidungsgeschehen und der Trennung der Eltern am hilflosesten gegenüberstanden. Inzwischen sind aus ihnen unkomplizierte junge Erwachsene geworden, die davon profitiert haben, daß die zweite Ehe des Elternteils, bei dem sie aufwuchsen, stabil ist. Dies gab ihnen die

Möglichkeit, ein Gefühl der Kontinuität zu entwickeln, das die frühen Erinnerungen an die fehlgeschlagene Ehe ihrer Eltern verblassen läßt und ihnen zugleich ein Vorbild schafft, aus dem sie Kraft und Sicherheit gewinnen.

»Ich war fünf, als meine Mutter wieder geheiratet hat. Mein Stiefvater, zu dem ich Vater sage, ist sehr kinderfreundlich. Er hat mich vernünftig erzogen.« *(Anna D., 17 Jahre)*

»Meine Stiefmutter ist vor ziemlich genau einem Jahr gestorben. Gott sei Dank brauche ich sie heute nicht mehr so dringend. Der Tod ist nicht so schlimm wie eine Scheidung.« *(Paul M., 19 Jahre)*

»Heute gibt es keine Schwierigkeiten mehr. Meine Beziehung zu ihr (Stiefmutter) ist fast besser als zu meinem Vater.« *(Bettina W., 21 Jahre)*

Auch wenn gut die Hälfte der Kinder (52 Prozent) den Stiefelternteil zur Familie zählen und eine relativ spannungsfreie Beziehung zu ihm entwickelt haben, so bedeutet dies doch nicht, daß sie ihre Stiefeltern als »richtige Eltern« ansehen. Dies ist nur bei einem der 46 befragten Kinder[28] aus diesen Familien der Fall: Marlene B[29] hat im Gegensatz zu ihrer zwei Jahre älteren Schwester Wibke ihren biologischen Vater nie kennengelernt und praktisch vom Säuglingsalter an ihren Stiefvater, Herrn B, als Vaterfigur wahrgenommen und als engagierten Vater erlebt. Für sie ist er, wie sie sagt, ihr »richtiger Vater«. Die Stiefeltern-Stiefkind-Beziehung scheint vielmehr außerordentlich variabel zu sein und einen weiten Bereich positiver und wichtiger Beziehungen für das Kind einzuschließen. Dabei ist das Geschlecht von Stiefelternteil und Stiefkind weniger bedeutsam als die Zeit, die beide zusammengelebt haben. Nach meinen Untersuchungsergebnissen stehen das Alter des Kindes und die

Dauer des Zusammenlebens in einem engen Zusammenhang mit einem harmonischen Verhältnis zwischen Stiefeltern und Stiefkind, was auch darauf schließen läßt, daß diese Kinder viel Energie und viel Verständnis aufgebracht haben, um mit der neuen Situation zurechtzukommen.

Noch häufiger als Stiefeltern werden Stiefgeschwister genannt, wenn es um die Frage der Familienzugehörigkeit geht. In 60 Prozent dieser Mehrelternfamilien wuchsen die Kinder nach der Scheidung zusammen mit Geschwistern auf, bei jeder zweiten Familie kamen Stiefgeschwister oder Halbgeschwister hinzu. Die Beziehungen unter den Geschwistern haben die Befragten überwiegend als eng und herzlich (70 Prozent) beschrieben, wobei kaum Unterschiede zwischen biologischen und Stiefgeschwistern gemacht wurden. Enge und herzliche Beziehungen unter Stiefgeschwistern entstehen auch in so komplexen Familienstrukturen wie bei Familie A, wo es keine gemeinsamen Kinder aus der Ehe gibt, dafür aber von beiden Eheleuten eigene Kinder aus einer ersten Ehe mit in die neue Ehe eingebracht wurden. Im Verlauf einer gemeinsam verbrachten Kindheit entwickelten sich hier wie bei Meike A und ihrer Schwester Bärbel starke Bindungen unter den Stiefgeschwistern, die zum einen von dem Wunsch nach familialer Identität und zum anderen von dem solidarischen Gefühl getragen wurden, gleichermaßen von den Familienveränderungen betroffen zu sein.

Als ich Meike A vor nunmehr 13 Jahren kennenlernte, war sie 11 Jahre alt und machte auf mich den Eindruck eines freundlichen und gut angepaßten kleinen Mädchens. Sie hatte eine enge Beziehung zu ihrem Vater, mit dem sie die ersten drei Jahre nach der Trennung der Eltern allein zusammengelebt hatte. Ihrem Vater war gerade nach langer gerichtlicher Auseinandersetzung mit der geschiedenen Mutter auch das Sorgerecht für den jüngeren Bruder Rolf übertragen worden, und als ich einige Wochen später wieder die Familie A besuchte, um mit Herrn A über ein vereinbartes Tagebuch zu sprechen, lebten bereits die neue Lebensgefährtin von Herrn A und ihre Tochter Bärbel in der Familie. Ich habe Familie A also in einer Zeit kennengelernt, als sie sich gerade auf dem Wege von einer Einelternfamilie zu einer Mehrelternfamilie befand. Beide Partner machten sich damals viele Gedanken, wie sie ihren Kindern helfen könnten, die neue Familiensituation zu bewältigen. Sie vereinbarten eine Familientherapie, die sich über mehrere Jahre hinzog und in deren Mittelpunkt die Verhaltensstörungen des jüngsten Sohnes Rolf standen. Meike hatte sich von Anfang an um ein gutes Verhältnis zu ihrer Stiefmutter bemüht. Wie selbstverständlich übernahm sie die Rolle der ältesten Tochter und kümmerte sich liebevoll um die beiden jüngeren Geschwister. Im Gegensatz zu ihrem Bruder Rolf kam sie gut in der Schule zurecht und hatte keine Leistungsschwierigkeiten.

Wie es so oft nach der Scheidung bei Mädchen der Fall ist, die stark wirken und mit der neuen Situation gut zurechtzukommen scheinen, geriet Meike mit 17 Jahren in heftige Konflikte mit der Familie. Sie verabredete sich mit jungen Männern, die nach Ansicht ihres Vaters einen zweifelhaften Ruf hatten. Außerdem nahm sie heimlich Kontakt zu ihrer Mutter auf. Als die Mutter sich von ihr Geld lieh und sie dazu bringen wollte, eine Bürgschaft für sie zu übernehmen, brach Meike aber den Kontakt sehr enttäuscht ab. Sie wechselte ihre Ausbildungsstelle, weil sie mit der weiblichen Ausbilderin nicht zurechtkam, und zog, sobald sie volljährig war, von zu Hause aus. Einige Zeit lebte sie mit einem Freund zusammen, trennte sich aber wieder von ihm. Was Beziehungen angeht, ist Meike auch heute mit 24 Jahren sehr mißtrauisch. Sie sagte mir im Interview: »Ich kann mir nicht vorstellen, daß mich jemand wirklich liebhat ... Wenn ich einen Mann kennenlerne, der sich für mich interessiert, denke ich immer, daß mit ihm irgendwas nicht stimmen kann.« Meike hat sich bisher von allen Freunden wieder getrennt, sobald die Beziehung ernster wurde. Wie viele Scheidungskinder hat sie wenig Selbstvertrauen und Angst davor, betrogen und verlassen zu werden. Sie meint von sich, daß sie nicht fähig sei, eine enge Bindung einzugehen, und daß sie deshalb auch nicht heiraten wolle.

Ängste vor Beziehungen und die Furcht, daß sich die elterliche Geschichte wiederholen könnte, quälen viele Scheidungskinder. Für die Mehrheit der befragten jungen Männer (59 Prozent) und für gut zwei Drittel (69 Prozent) der befragten jungen Frauen aus diesen Mehrelternfamilien hat die Scheidung der Eltern auch Auswirkungen auf die eigenen Partnerbeziehungen. Sie betrachten die Ehe oft als etwas Ungewisses, vor dem sie Angst haben und das sie unsicher macht. Einerseits sehen sie in der Ehe eine Möglichkeit, die Stabilität in ihrem Leben wiederherzustellen und zu sichern, andererseits machen sie sich Sorgen, daß ihre Ehe so auseinanderbrechen könnte wie die ihrer Eltern. Von den verheirateten »Kindern« (22 Prozent) berichteten uns einige, daß sie immer noch Angst davor hätten, wieder verlassen zu werden. Andere dagegen gingen offensiv in die Ehe, sicherten sich durch Ehevertrag ab und schworen sich, daß ihre Ehe anders sein würde und daß sie ihren Kindern nie antun würden, was ihre Eltern ihnen angetan haben. Optimistisch wenden sich diese erwachsenen Scheidungskinder wieder eher traditionellen Ansichten über Ehe und Familie zu. Sie glauben an die Treue und an eine Familie, die zusammenbleibt, in der es Nähe und Beständigkeit gibt.

»Familienleben bedeutet mir sehr viel, und das wichtigste ist mir, daß mein Mann für die Kinder ein Vater ist, daß er mit ihnen spielt, all das macht, was ich nicht gehabt habe. Daß über Gefühle offen gesprochen werden kann. Zu Hause war nur Unruhe und Streit. Die einzigen Gefühle, die geäußert wurden, waren Tränen. Meine Kinder sagen: Ich hab dich lieb.« *(Marion G., 28 Jahre)*

Stiefeltern als Ersatzeltern

Die 13 Stiefmütter und 18 Stiefväter, die wir in diesen Mehrelternfamilien, die sich als »Normal«familien verstehen, untersucht haben, mußten für sich eine Rolle in einer Familie finden, die schon längere Zeit bestand und ihre eigene Geschichte und Erfahrungswelt hatte. Als sie ihren Partner kennenlernten, war dieser alleinerziehend und fühlte sich oft hilflos und überfordert. Den meisten Stiefeltern wurde von Anfang an vom neuen Partner zu verstehen gegeben, daß er von ihnen Unterstützung in der Kindererziehung und bei der Versorgung erwarte und eine elterliche Bezugsperson für seine Kinder möchte. Doch zeigte sich in der konkreten Alltagssituation, daß das Festhalten am Leitbild der »Normal«familie und die Vorstellung von gleichgewichtigen Elternpositionen in der Kindererziehung nur schwer durchzuhalten sind.

»Den Erwartungen meiner Frau habe ich wohl nicht entsprochen, meinen eigenen auch nicht. Wir hatten unterschiedliche Auffassungen über die Kindererziehung, unterschiedliche Vorstellungen von Familienleben. Also gab es Konflikte … Der jüngste Sohn ließ sich von mir nichts sagen und hatte von meiner Frau Rückendeckung.« *(Stiefvater, 45 Jahre)*

Eine Beziehung zu Stiefkindern herzustellen, die den Erwartungen an die Elternrolle in einer normalen Familie entspricht, verlangt vom Stiefelternteil eine Art Balanceakt. Zunächst muß er sich einen liebevollen Zugang zum Kind verschaffen. Zugleich aber gilt es, sich in der Rolle einer Autoritätsperson zu behaupten.

»Die Kinder (3 Söhne) hatten mehrere Jahre mit dem Vater allein gelebt, waren sehr auf ihn fixiert, auch heute noch ... Dann kommt so 'ne Frau und will sich einmischen. Das war schon sehr schwierig, lief anfangs gar nicht. Wir mußten uns zusammenfinden.« *(Stiefmutter, 39 Jahre)*

»Ich hatte keine Erfahrung mit Kindern. Wir mußten uns erst kennenlernen und zusammenraufen, waren in der ersten Zeit wie Katze und Hund bis zur Adoption 1986, dann wurde es besser.« *(Stiefvater, 44 Jahre)*

Etwa die Hälfte der Stiefeltern brachte aus ihrem eigenen Leben keine Erfahrungen mit, auf die sie zurückgreifen konnten, um sich in der neuen Rolle zurechtzufinden. Und auch für die Stiefeltern, die eigene Kinder aus einer vorangegangenen Ehe oder Beziehung hatten (46 Prozent), war die Anfangszeit in der Familie oft schwierig. Insgesamt berichteten 77 Prozent der Stiefmütter und 56 Prozent der Stiefväter von zum Teil heftigen Auseinandersetzungen mit den Stiefkindern und eskalierenden familiären Spannungen, die bei 26 Prozent dieser Mehrelternfamilien bis heute nicht beigelegt sind.

Die Situation von Stiefmüttern in der Familie ist eine andere als die von Stiefvätern. Da in unserer Gesellschaft mit der Rolle einer Mutter – mehr als mit der eines Vaters – besondere Verpflichtungen gegenüber den Kindern verknüpft sind, ist eine Frau, wenn sie Stiefmutter wird, ganz anderen Erwartungen ausgesetzt als ein Stiefvater. Bei ihr wird als selbstverständlich vorausgesetzt, daß sie die Betreuung und Erziehung der Kinder und die Sorge um den Haushalt übernimmt, wohingegen von Stiefvätern entsprechend der traditionellen Arbeitsteilung zwischen Mann und Frau immer noch vor allem die wirtschaftliche Versorgung erwartet wird. Daß die Stiefeltern aus diesen Mehrelternfamilien sich noch überwiegend diesem traditionellen Rollenmodell verpflichtet fühlen, zeigt sich auch darin, daß die meisten Stiefmütter ihre Berufstätigkeit aufgaben, als sie in die Familie kamen, und daß viele Stiefväter auf Unterhaltszahlungen für das Kind durch den außerhalb lebenden Vater verzichteten, weil dies ihrem Selbstverständnis als Ernährer der Familie entsprach.

»Am Anfang war es sehr schwierig mit zwei fremden Kindern. Rolf stellte sich 'ne Zeitlang gegen mich, und in irgendeinem Wutanfall hat er mal zu mir gesagt: ›Du, von dir laß ich mir nichts sagen. Du bist ja nicht meine Mutter.‹ Nach diesem Ausbruch wußte er gar nicht, wie er sich drehen und wenden sollte. Es hat ihm wohl mehr leid getan, als es mir in dem Moment weh getan hat ... Meike war immer unterschiedlich zu mir. Sie war zwischen ihrer Mutter und mir so ein bißchen hin- und hergerissen. Immer wenn sie bei ihrer Mutter war, dann war der Kontakt zwischen uns gestört ... Und wenn Meike hier wieder lag und spuckte, wenn sie das Thema ihrer Mutter anfing, ging ich hoch wie 'ne Rakete, das konnte kein Mensch mehr ertragen.« *(Frau A, 38 Jahre)*

Die meisten Stiefmütter haben sich anfangs sehr um ihre Stiefkinder bemüht. Sie wollten die Kinder für das, was sie an Trennungskonflikten und Benachteiligungen erlebt hatten, entschädigen und investierten viel Zeit und Energie, um ihre Zuneigung zu gewinnen. Um so härter traf es sie dann, wenn sie bei den Stiefkindern auf Ablehnung und Widerstand stießen. Wie Frau A haben fast alle Stiefmütter erleben müssen, daß die Kinder auf ihre Zuwendung abwehrend reagierten, um die Beziehung und Liebe zu ihrer Mutter zu schützen. Loyalitätskonflikte, Eifersucht auf die neue Frau des Vaters, mit der sie seine Aufmerksamkeit und Zeit teilen mußten, oder direkte Ablehnung durch das Stiefkind sind die Probleme, mit denen Stiefmütter nach eigenen Angaben konfrontiert waren, als sie in die Familie hineinkamen.

Die Stiefväter in diesen Mehrelternfamilien haben sich mit den besonderen Anforderungen und Schwierigkeiten ihrer Rolle in der Regel weniger auseinandergesetzt als die Stiefmütter. Sie nannten vor allem Autoritätsprobleme im Umgang mit den Stiefkindern. Zwar hatten einige, als sie in die Familie kamen, zunächst eine freundschaftliche Beziehung zu den Stiefkindern aufgebaut, bevor sie Erziehungsaufgaben übernahmen, die meisten waren jedoch den Erwartungen des Partners gefolgt und hatten versucht, den abwesenden Vater zu ersetzen. Dies bedeutete für sie, die Erinnerung an die erste Familie und den biologischen Vater der Kinder zu schwächen und ihn weitgehend aus dem Familiengeschehen auszugrenzen.

> »Die frühere Ehe ist eine abgeschlossene Geschichte. Die Kinder haben schon bald den Kontakt zum Vater verloren, haben ihn nur noch ein paar Mal gesehen. Ich habe immer bewußt dieses Thema vermieden. Ich finde es

besser, wenn nach einer Scheidung sich ein Elternteil raushält – es ist besser für das Kind, es ist nicht hin- und hergerissen.« *(Stiefvater, 43 Jahre)*

Solche Ausgrenzungsstrategien sollten den Stiefvätern helfen, eine Vaterbeziehung zu den Stiefkindern aufzubauen, ihnen das zu geben, was der abwesende Vater versäumt hatte, und sich als der »bessere Vater« zu fühlen.

Andererseits ist es für einen Stiefvater oft schwierig, den Standpunkt der Kinder zu verstehen und ihnen zuzugestehen, daß der abwesende Vater noch eine wichtige emotionale Bedeutung für sie hat. Stiefväter wissen in der Regel wenig von den Erfahrungen der Kinder, weil sie im Gegensatz zu einer Stiefmutter sehr viel weniger Zeit mit ihnen verbringen. Dies erklärt auch, warum Stiefmütter in ihren Familien mehr Probleme wahrnehmen als Stiefväter.

Das Alter des Kindes bei der Wiederverheiratung hat einen großen Einfluß auf die Beziehung zwischen Stiefvater und Stiefkind. Für den Stiefvater ebenso wie für die Stiefmutter ist es leichter, mit einem kleineren Kind Kontakt aufzunehmen, da jüngere Kinder besser auf Annäherungsversuche von Erwachsenen ansprechen. Ältere Kinder hatten vor der Scheidung ein weitaus differenzierteres, mit vielen Erinnerungen ausgestattetes Verhältnis zu ihren nichtsorgeberechtigten Eltern und gerieten deshalb oft in große Loyalitätskonflikte.

»Mit dem Sohn meiner Frau, der damals 14 Jahre alt war, gab es große Probleme. Zu Anfang fand er das alles positiv, hat auch die gemeinsame Wohnung mit ausgesucht, aber als er merkte, daß es ernst wird, das heißt, daß es auf eine Ehe hinausläuft, wurde er böse und sträubte sich (wir lebten drei Jahre unverheiratet zusammen). Er fügte sich nicht in das Familienleben ein, ging ein und aus wie in einem Hotel, nahm keinen Kontakt mehr auf. Wir versuchten immer wieder, Gespräche zu führen, was nichts änderte. Nach Absprache suchten wir dann ein Zimmer für ihn, und er zog aus. Er behauptet, wir hätten ihn auf die Straße gesetzt.« *(Stiefvater, 49 Jahre)*

»Die Kinder waren für eine neue Partnerschaft einfach zu alt. Das Alter der Kinder sollte unter fünf Jahren liegen. Ich wurde von den Kindern weder als Freund noch als Ersatzvater akzeptiert.« *(Stiefvater, 51 Jahre)*

Nur wenige der Kinder, die bereits über 10 Jahre alt waren, entwickelten eine gute Beziehung zu ihren Stiefvätern. Teenager stellen die Autorität jedes Erwachsenen grundsätzlich in Frage, und ein Stiefvater, der gerade die Familienszene betreten hat, wird zum Inbegriff dieser fragwürdigen Autorität. Tatsächlich äußerten ältere Kinder oft den Wunsch, daß der Stiefvater oder die Stiefmutter »verschwinden« und Elternteil und Kinder »in Ruhe lassen« soll. Für Stiefeltern sind solche Aussagen oder auch direkten Aufforderungen verletzend, und ihre Situation in der Familie erscheint ihnen zeitweilig so ausweglos, daß sie sich aus der Erziehung der Kinder und aus dem Familiengeschehen mehr und mehr zurückziehen.

»Sie war halt ein verwöhntes Einzelkind, das oft bei der Großmutter war und auch bei ihr Schutz suchte, wenn ich ihr etwas sagte, das ihr nicht paßte. Ich hatte keinen Einfluß auf ihre Erziehung. Wenn ihr etwas nicht paßte, rannte sie zur Oma in die Nachbarwohnung.« *(Stiefmutter, 41 Jahre)*

»Ich trat als Neuer auf die Familienbühne. Habe versucht, Grenzen zu setzen. Ging nicht, weil die Kinder bei Streitereien Rückendeckung durch ihre Mutter hatten. Habe schließlich klein beigegeben.« *(Stiefvater, 52 Jahre)*

Etwa die Hälfte der von uns befragten Stiefeltern aus diesen Mehrelternfamilien standen ihrer Stiefelternrolle zwiespältig gegenüber. Sie wollten einerseits ihren Vorstellungen von einem guten Vater oder einer guten Mutter gerecht werden, andererseits empfanden sie deutlich, daß sie von ihren Stiefkindern nicht als Vater oder als Mutter akzeptiert wurden. Zu ihrer Verunsicherung und Unzufriedenheit trug bei, daß ihre Partner sich durch ihre Kritik an den Kindern nicht nur persönlich angegriffen fühlten, sondern oft auch immer weniger bereit waren, die Erziehungsverantwortung mit ihnen zu teilen. Als Folge dieser Haltung gerieten einige Stiefeltern in eine Außenseiterposition, die die Kinder zu ihrem Vorteil auszunützen wußten, indem sie sie abwerteten und als Autoritätsperson ablehnten. In dieser Ablehnung liegt bereits der Keim für eine Ausgrenzung des Stiefelternteils, die bei jeder fünften Einelternfamilie aus unserer Gesamtstichprobe tatsächlich stattgefunden hat. Dabei wurde der Stiefelternteil zunächst von den Kindern und in der Folge auch von seinem Partner nicht akzeptiert und innerhalb weniger Jahre aus der Familie wieder ausgestoßen. Zwar richtet sich die Strategie von Mehrelternfamilien, Familienmitglieder auszugrenzen, die ihren Normalitätsanspruch als Familie gefährden, meist gegen den außerhalb lebenden, nichtsorgeberechtigten Elternteil und diejenigen Kinder, die gegen die neue Familienform rebellieren. Aber dieser Normalitätsanspruch ist zweischneidig. Wenn nämlich der Stiefelternteil die in ihn gesetzten Erwartungen nicht erfüllt, läuft er selbst Gefahr, ausgegrenzt zu werden.

Um mit den ungeklärten Erwartungen an ihre Rolle in der Familie umgehen zu können, haben die Stiefeltern aus diesen Mehrelternfamilien zu einem unterschiedlichen Selbstverständnis ihrer Rolle in der Familie gefunden, wobei die erste und die zweite Lösung ihrer Rollenprobleme ein

Scheitern der ursprünglichen Absicht darstellt, sich als »Normal«familie zu verstehen.

1. *Selbstverständnis als Partner des Elternteils*
   Um Konflikten, die sich aus dem Umgang mit Stiefkindern ergeben, aus dem Wege zu gehen, haben sich 35 Prozent der Stiefmütter und 15 Prozent der Stiefväter auf die Paarbeziehung zurückgezogen. Sie verstehen sich in erster Linie als Partner des Elternteils, mischen sich in Belange, die die Kinder betreffen, nicht ein und verhalten sich eher nachgiebig und gleichgültig gegenüber den Stiefkindern. Wie schwach die Familienbeziehungen dieser Stiefeltern sind, zeigen auch ihre Antworten auf die Frage, wer für sie zur Familie gehört. Von etwa der Hälfte dieser Stiefmütter und Stiefväter wurde hier ausschließlich der Partner genannt.
2. *Selbstverständnis als Freund/in oder Kumpel des Stiefkindes*
   Nach anfänglichem Überengagement in der Elternrolle bei einigen dieser Stiefeltern und anschließender Enttäuschung darüber, daß es ihnen nicht möglich war, eine vorbehaltlose und ungezwungene Eltern-Kind-Beziehung zu ihren Stiefkindern aufzubauen, haben 40 Prozent der Stiefväter und 20 Prozent der Stiefmütter versucht, ein neues Selbstverständnis als Freund oder Kumpel des Stiefkindes zu gewinnen. Unter den Stiefvätern aus dieser Gruppe sind viele, die eigene Kinder aus einer ersten Ehe oder Beziehung haben und von daher ihre gefühlsmäßige Beziehung zu den eigenen Kindern mit der zu ihren Stiefkindern vergleichen können. In den Familienvorstellungen dieser Stiefeltern nehmen neben Partner und Stiefkindern die zum Teil außerhalb lebenden eigenen Kinder sowie Angehörige aus beiden Herkunftsfamilien einen festen Platz ein.

3. *Selbstverständnis als Vater oder Mutter bzw. als Ersatzvater oder Ersatzmutter des Stiefkindes*
45 Prozent der Stiefväter und 45 Prozent der Stiefmütter betrachten sich als Eltern (insgesamt 20 Prozent) bzw. als Ersatzeltern (insgesamt 25 Prozent) ihrer Stiefkinder und orientieren sich am Vorbild biologischer Elternschaft. In gut der Hälfte dieser Mehrelternfamilien ist im Laufe der Ehe ein eigenes Kind hinzugekommen, was ihren Anspruch, als ganz »normale« Familie zu gelten, für sie erleichtert hat. Ihre Familienvorstellungen begrenzen 60 Prozent dieser Stiefeltern auf die unmittelbare Haushaltsgemeinschaft von Partner, Stiefkindern und eigenen Kindern, wobei ausgegrenzte Stiefkinder nicht genannt wurden. Die übrigen Stiefeltern bezogen neben allen im Familienhaushalt lebenden Personen auch außerhalb lebende Stiefkinder und eigene Kinder sowie Angehörige aus beiden Herkunftsfamilien in ihre Familienvorstellungen mit ein. Aber auch für diese Stiefeltern, die die Grenzen ihrer Mehrelternfamilie relativ offen definieren, zählt der außerhalb lebende nichtsorgeberechtigte Elternteil ihrer Stiefkinder nicht zur Familie.

Der verdrängte zweite Elternteil

Wie die Überschrift verrät, waren Angaben über die nichtsorgeberechtigten Elternteile in diesen Mehrelternfamilien schwer zu erlangen. Sie stützen sich zum Teil auf die Aussagen der geschiedenen Partner, bei denen die Kinder aufwuchsen, und auf die Kinder selbst. Darüber hinaus ist es uns gelungen, mit fünf nichtsorgeberechtigten Eltern, drei Vätern und zwei Müttern, aus diesen Mehrelternfamilien zu sprechen, die (wie die überwiegende Mehrheit der ausgegrenzten Eltern) seit Jahren keinen Kontakt mehr zu ihren geschiedenen Partnern haben und mehrheitlich auch den Kontakt zu ihren Kindern aus dieser Ehe verloren haben.

»Ich wollte damals nur eins, mit diesem Mann irgendwo eine anständige und einvernehmliche Trennung. Und vor allem wollte ich, daß Nicola nicht mit in diese Trennung reingezogen wird. Das war für mich im Grunde primär. Und mein Mann ließ dann vom Notar eine Gütertrennung und eine Besuchsregelung aufsetzen, und wir haben uns dann im Vertrag vor dem Notar verpflichtet, daß derjenige, der kein Sorgerecht bekommt, ein vierzehntägiges Besuchsrecht und die Hälfte der Ferien erhält und jederzeit auch Zugang zum Kind hat. Und mir ist dann ein Satz zum Verhängnis geworden, der stand darunter und zwar: ›Diese Regelung tritt nur in Kraft, solange das Kind Nicola sein Einverständnis gibt‹ ... Ich erhielt eine neue Anstellung und bin vier Wochen später nach Hamburg umgezogen, und damit fing die ganze Katastrophe an, weil ich denke, daß mein Ex-Mann da sah, daß ich nicht mehr zu ihm zurückkomme. Von diesem Zeitpunkt an wurde mir meine Tochter systematisch entfremdet, und zwar in einer Art und Weise, daß sie heute keinen Kontakt mehr mit mir wünscht.« *(nichtsorgeberechtigte Mutter, 44 Jahre)*

Viele nichtsorgeberechtigte Eltern haben die Erfahrung gemacht, von ihrer Familie ausgegrenzt und bestraft zu werden, weil sie sie verlassen haben. Unter den 34 Mehrelternfamilien, die sich als »Normal«familien verstehen, sind drei Familien, bei denen in unserer ersten Erhebung vor 12 Jahren noch beide geschiedenen Eltern im Interesse ihrer Kinder kooperiert hatten. Mit der Wiederverheiratung eines oder beider Elternteile kam es in der Regel zu Ausgrenzungsprozessen, wobei die Kontakte zwischen außerhalb lebendem Elternteil und Kind zunehmend erschwert wurden, mehr und mehr abnahmen und irgendwann ganz abbrachen.

Nur drei der befragten sorgeberechtigten Eltern aus diesen Mehrelternfamilien gaben an, daß sie ihren geschiedenen Partner noch gelegentlich sehen – meist eher zufällig auf der Straße oder bei Veranstaltungen. Immerhin wohnen bei gut einem Drittel dieser Familien beide geschiedenen Eltern noch im gleichen Wohnbezirk oder Landkreis. Von gut der Hälfte der nichtsorgeberechtigten Eltern ist ferner bekannt, daß sie sich wiederverheiratet haben, 10 Prozent von ihnen in dritter Ehe. Sieben der insgesamt 34 nichtsorgeberechtigten Eltern sind tot, drei haben sich das Leben genommen, davon zwei unmittelbar am Tag der gerichtlichen Ehescheidung.

> »Ich sehe meine Frau jeden Tag, weil sie ihr Pferd auf der Koppel gegenüber von meinem Haus hat. Wir sprechen aber nicht miteinander, seit 15 Jahren nicht. Ich nenne es deshalb nicht Kontakt.« *(nichtsorgeberechtigter Vater, 58 Jahre)*

Bei den Interviews mit den fünf nichtsorgeberechtigten Eltern machten wir die Erfahrung, daß sich die Fronten zwischen den geschiedenen Ehepartnern in der Zwischenzeit so verhärtet haben, daß ein einfacher Kontakt oder ein Gespräch über die gemeinsamen Kinder für sie nicht mehr möglich sind. Bei einer Familie wurden Geschwister unter den geschiedenen Eltern aufgeteilt, was zur Folge hatte, daß zwischen den Kindern auch der Kontakt abbrach. Alle fünf nichtsorgeberechtigten Eltern haben sich wiederverheiratet, in einem Fall ist es die dritte Ehe. Wenn sie Bilanz ziehen, war die Scheidung für einen Vater positiv, da seine zweite Ehe besser ist, für die übrigen zwei Mütter und zwei Väter eher negativ, da sie damals an der ersten Ehe festhalten wollten und heute darunter leiden, daß der Kontakt zu ihren Kindern abbrach, oder wie in zwei Fällen nur noch sporadisch existiert. Ein Vater sprach davon, daß er seinen Kindern gegenüber große Schuldgefühle habe und ihnen gern die Trennung der Eltern erspart hätte. Obwohl kaum noch Kontakte vorhanden sind, gehören die Kinder aus der ersten geschiedenen Ehe für vier der fünf nichtsorgeberechtigten Eltern mit zu den Menschen, die sie zu ihrer Familie zählen.

> »Gemeinsame Sorge wäre besser gewesen. Ich fühle mich immer noch als Zahlvater, habe keinerlei Mitspracherecht. Das finde ich ungerecht. Meine Frau hat das Kind aufs Privatgymnasium geschickt, was ich nicht richtig fand. Seine schulischen Leistungen wurden da nicht besser ... Ich habe den Jungen seit zweieinhalb Jahren nicht mehr gesehen. Ich habe ihm zum Geburtstag und zu Weihnachten geschrieben – keine Resonanz. Wir haben nur noch über Rechtsanwälte verkehrt, wenn es um Unterhaltszahlungen ging.« *(nichtsorgeberechtigter Vater, 48 Jahre)*

Die meisten befragten nichtsorgeberechtigten Eltern hätten sich gern mehr um ihre Kinder gekümmert und meinten, daß ein gemeinsames Sorgerecht für sie und ihre Kinder die bessere Lösung gewesen wäre. Wenn allerdings die Gräben so tief geworden sind, erscheint mir die Vorstellung einer praktizierten gemeinsamen elterlichen Sorge eher als Wunschdenken. Nur ein Vater hielt ein gemeinsames Sorgerecht nach der Scheidung nicht für durchführbar, weil zwischen den geschiedenen Ehepartnern zu viel Haß bestünde, um verantwortlich miteinander umzugehen.

Ich habe mich oft gefragt, woran es noch liegen kann, daß so viele Eltern und Kinder unter dem Abbruch von

Kontakten nach der Scheidung zu leiden haben. Die festgestellten Ausgrenzungsstrategien dieser Mehrelternfamilien allein reichen nicht aus, dies zu erklären. Im Gespräch mit nichtsorgeberechtigten Eltern wird deutlich, daß die Weichen für den Kontaktabbruch oft sehr viel früher gestellt wurden, und zwar unmittelbar nach der Scheidung. Manchen nichtsorgeberechtigten Eltern kommt es dann so vor, als ob die Trennung für sie und ihre Kinder leichter zu ertragen wäre, wenn sie wegblieben. Häufig haben sie das Gefühl, daß die Kinder wissen müßten, daß sie Interesse an ihnen haben, daß sie für sie da wären, wenn die Kinder sie nur wollten. Sie vermeiden es, ihre Kinder zu sehen, und nehmen ihr Besuchsrecht nicht oder nicht regelmäßig wahr. Unterstützt wird dieses Verhalten vom sorgeberechtigten Elternteil. Er rät nachdrücklich dazu und beruft sich dabei nicht selten auf den Rat eines Rechtsbeistandes, von Besuchen vorerst abzusehen, damit die Kinder Zeit haben, sich auf die neue Situation einzustellen und die Realität der Trennung der Eltern zu akzeptieren. Kinder sehen das anders. Da ihnen die Erfahrung und die Fähigkeit fehlt, das Verhalten ihrer Eltern im einzelnen zu verstehen, fühlen sie sich vom getrennt lebenden Elternteil im Stich gelassen. Wenn der Vater oder die Mutter fernbleiben, werten sie das als Zeichen dafür, nicht mehr von ihnen geliebt zu werden. Das führt zu einer psychischen Distanz zwischen Eltern und Kind, die sich auf weitere Kontakte entfremdend auswirkt. Wie unsere Studie deutlich machte, kann das angeschlagene Selbstwertgefühl eines Kindes bis ins Erwachsenenalter hineinwirken.

Elterliche Anstrengungen um eine »normale« Familie

Die meisten Mütter und Väter aus diesen Mehrelternfamilien, die sich als »Normal«familien verstehen, hatten eine durchschnittlich 6 bis 8 Jahre andauernde erste Ehe hinter sich, als wir sie wenige Jahre nach ihrer Scheidung kennenlernten. In der Regel hatten sie sehr jung geheiratet – jede dritte Mutter war bei der Eheschließung noch unter 20 Jahre alt gewesen –, und nur wenige hatten vorher schon selbständig gelebt; 60 Prozent waren direkt vom Elternhaus in die Ehe gegangen. Sie seien einfach noch zu jung und unreif gewesen und hätten sich auseinanderentwickelt, lauteten denn auch die am häufigsten genannten Gründe für das Mißlingen der ersten Ehe. Daneben spielten die Untreue des Partners und übermäßiger Alkoholkonsum eine entscheidende Rolle. Oft gingen sie einher mit Auseinandersetzungen um Geld, mit einer Vernachlässigung der Kinder und einem besonders rücksichtslosen Verhalten des Partners, das von körperlicher Mißhandlung bis hin zu Inzest und spurlosem Verschwinden reichte.

Wenn auch die überwiegende Mehrheit dieser Eltern die Scheidung als Lösung ihrer Eheprobleme angestrebt hatte, war die Trennung für viele doch belastend gewesen. In jeder zweiten Familie waren der Scheidung heftige Kämpfe um das Sorgerecht vorausgegangen, in jeder dritten Familie zahlte der geschiedene Partner nicht oder nur unregelmäßig den festgesetzten Unterhalt für die Kinder. 12 Prozent der Eltern, überwiegend Mütter, konnten damals wegen fehlender Kinderbetreuungsmöglichkeiten nicht erwerbstätig sein und lebten von der Sozialhilfe. Zwei Väter waren erwerbsunfähig und bezogen eine Rente, ein Vater ein vorzeitiges Altersruhegeld. Von den berufstätigen Eltern hatten vor 12

Jahren zwei Drittel ganztags gearbeitet. Dies führte zwangsläufig zu Belastungen, unter denen auch die Eltern-Kind-Beziehung litt. Wenn neben dem Beruf Haushalt und Versorgungsaufgaben allein zu bewältigen sind, bleibt weniger Zeit für die Kinder. Viele Eltern waren leicht gereizt und fühlten sich oft überfordert. Väter und Mütter beschrieben uns damals das erste Jahr als Alleinerzieher in vieler Hinsicht als chaotisch. 60 Prozent litten an den Trennungsfolgen und fühlten sich den täglichen Anforderungen nicht gewachsen. Die größten Sorgen aber bereiteten ihnen die Kinder, die überwiegend heftig auf die Scheidung der Eltern reagiert hatten.

> »Wibke hat sich mit Händen und Füßen gegen die Trennung von meinem ersten Mann gesträubt ... Sie hat mir, so klein sie war, permanent erzählt, sie muß ins Heim. Sie will nicht nur bei mir allein leben. Das hat sie mir mit ihren fünf Jahren immer wieder erzählt. Ich hab sie dann für sechs Wochen zur Kur gegeben, damit sie sich von mir trennt und ich von ihr, so schwer mir das gefallen ist. Danach war's dann wieder gut, sie war froh, wieder zu Hause zu sein ... Ich denke, Wibke ist von Anfang an in ihrem Leben betrogen worden. Sie hat sehr an meinem Ex-Mann gehangen, und er hat sie heiß und innig geliebt ... Wibke hat sich anfangs auch sehr gegen meine neue Ehe gestellt. All die Jahre hatte sie immer gehofft, daß ihr Vater und ich wieder zusammenkommen, obwohl er längst wieder verheiratet ist und auch ein Kind aus der Ehe hat ... Für Marlene war dagegen alles überhaupt kein Problem. Sie hatte den neuen Namen schon vorher immer benutzt, so als Doppelnamen ... Ich denke so oft, der Kreis hat sich irgendwo für uns drei geschlossen, aber Wibke, die steht immer noch mindestens einen Schritt

außerhalb. Sie ist hier auch relativ früh ausgezogen zu ihrem Freund, mit achtzehn. Und recht spontan, muß ich sagen.« *(Frau B, 38 Jahre)*

Wie Frau B waren die meisten Eltern mit Anpassungsschwierigkeiten und Loyalitätskonflikten ihrer Kinder[30] konfrontiert. 38 Prozent berichteten vor 12 Jahren davon, daß die Verhaltensstörungen bei ihren Kindern andauerten und ihnen erhebliche Erziehungsschwierigkeiten bereiteten. Die meisten hatten damals eine Erziehungsberatungsstelle aufgesucht, weil sie sich nicht mehr zu helfen wußten. Sie waren erschöpft und fühlten sich durch die Doppelbelastung von Beruf und Familie überfordert.

Ein neuer Partner schien zur Bewältigung der Schwierigkeiten hilfreich zu sein, und so gingen gut die Hälfte dieser Mütter und Väter auch aus diesem Grund schon bald nach der Trennung eine neue feste Beziehung ein. Wie Frau B hatten sie die Vorstellung, daß sie in einer vollständigen Familie mit allen Problemen leichter fertig würden, und verwendeten zusammen mit ihren neuen Partnern viel Energie darauf, möglichst schnell als Familie zusammenzuwachsen, sich als »ganz normale« Familie darzustellen.

»Ich bin also ein Muttertier und mein Mann auch. Er war von Anfang an voll für die Familie da. Wenn wir mal eingeladen waren und es gab keinen Babysitter, sind wir zu Hause geblieben. Mein Mann hätte nie geduldet, daß die Kinder nachts allein sind.« *(Frau B, 38 Jahre)*

In der ersten Zeit nach der Scheidung gingen die damals noch alleinerziehenden Mütter und Väter aus diesen Familien zunächst getrennte Wege: Ein größerer Teil der geschiedenen Eltern lebte nur kurz mit den Kindern allein, nahm schnell eine neue Partner- und Ehebeziehung auf und wechselte relativ unbefangen aus einer gescheiterten Ehe in eine neue Familienform; ein anderer, kleinerer Teil ließ sich Zeit, sich auf die Situation als Alleinerzieher einzustellen, probierte verschiedene Lebens- und Wohnformen (darunter bevorzugt Wohngemeinschaften) aus und lebte mit dem neuen Partner zunächst »auf Probe« zusammen, bevor die Eltern sich zu einer erneuten festen Bindung entschlossen. Manche dieser Paare heirateten erst, als ein gemeinsames Kind geplant war oder sich ankündigte (bei etwa 20 Prozent dieser Mehrelternfamilien). Obwohl die Entwicklung des Familienlebens unterschiedlich verlief und die angestrebte familiale Lebensform in vielen Familien am Widerstand der Kinder und/oder an den enttäuschten Erwartungen von Eltern und Stiefeltern scheiterte, ist allen Eltern gemeinsam, daß sie und ihre Partner bei der Familiengründung viele Anstrengungen unternahmen, um ihre Vorstellungen einer »Normal«familie im Familienalltag zu realisieren, manchmal auch durchzusetzen. Manche Eltern holten hierzu auch therapeutischen Rat ein, allerdings mit klarer Zielrichtung auf die neue Familie:

> *Herr A:* »Wenn ich das mal rückblickend betrachte, dann haben wir viel erreicht, aber das war richtig schwere Arbeit. Das haben uns auch unsere beiden Psychotherapeuten gesagt, daß wir nicht den einfachsten, sondern den schwersten Weg gegangen sind. Wobei die Idee war, aus zwei auseinandergebrochenen Familien eine richtige Familie zu machen ... Es fing eigentlich damit an, daß Rolf in der Schule Probleme bekam. Und das war zu einer Zeit, wo dieser Umschwung in der Therapiegeschichte war, daß man nicht mehr einzeln Leute behandelte, sondern die ganze Familie. Da haben wir, kann man fast

sagen, acht Jahre Familientherapie gemacht, nicht ununterbrochen, auch mal ein Jahr ausgesetzt.«
Interviewerin: »Was meinen Sie mit Familientherapie? Also nur auf Ihre Familie bezogen?«
Herr A: »Auf unsere beiden Familien bezogen.«
Interviewerin: »Auf Ihre beiden. Die Ex-Partner spielten keine Rolle?«
Herr A: »Überhaupt keine Rolle, null.«

Aus vielen Gesprächen, gerade auch mit Eltern, die aus Sorge um ihre Kinder fachlichen Rat eingeholt hatten, gewann ich den Eindruck, daß weder den Eltern noch den psychologischen Fachleuten bewußt war, welche seelischen Belastungen sich aus der Ausgrenzung und Tabuisierung des außerhalb lebenden nichtsorgeberechtigten Elternteils für manche Kinder ergeben. Bei den Eltern konnte ich durch Nachfragen oft feststellen, daß sie dieses Thema größtenteils verdrängt hatten. Psychologen und Sozialpädagogen aber, die als professionelle Scheidungsbegleiter eine wichtige Aufgabe wahrnehmen, sollten ein solches Verhalten der Eltern keinesfalls unterstützen, als ob sie an den Auftrag der Eltern, ihnen beim Aufbau einer »normalen« Familie zu helfen, gebunden wären, sie sollten vielmehr diesen Wunsch zum zentralen Thema ihrer therapeutischen Arbeit machen.

Als wir nach 12 Jahren wieder mit den 20 Müttern und 13 Vätern aus diesen Mehrelternfamilien sprachen, hatte sich die wirtschaftliche Situation der meisten Familien wesentlich verbessert. Die Hälfte der Eltern lebt heute mit ihrer Familie im eigenen Haus (36 Prozent) oder in einer Eigentumswohnung (16 Prozent). Drei Viertel der Eltern sind erwerbstätig[31] und bezeichneten ihre berufliche Situation als zufriedenstellend. Sechs Mütter (18 Prozent) leben als Hausfrau, zwei Väter beziehen eine Rente bzw. Pension. Nach der Wiederverheiratung ist keine Familie mehr auf Sozialhilfe angewiesen. Vielmehr haben die Eltern große Anstrengungen unternommen, um ihre Familie nach der Reorganisation auch wirtschaftlich abzusichern.

Mit der Wiederverheiratung der Eltern[32] hat sich auch die Zusammensetzung der Familien verändert. Während in 40 Prozent der Familien wie bei Familie B nur der Stiefelternteil hinzugekommen ist, sind in 20 Prozent der Familien neben den Kindern aus der ersten Ehe auch Kinder aus der zweiten Ehe des Elternteils. Bei weiteren knapp 40 Prozent leben die Kinder aus der ersten Ehe, wie bei Familie A, mit Stiefgeschwistern zusammen, die aus einer früheren Beziehung des Stiefelternteils stammen. In zwei Familien leben Geschwister, Stiefgeschwister und Halbgeschwister zusammen. War die Entscheidung für die »Normal«familie also in wirtschaftlicher Hinsicht erfolgreich, so traf dies für das Eltern-Kind-Verhältnis weit weniger zu. Während bei der ersten Erhebung 38 Prozent der Eltern aus diesen Familien angegeben hatten, daß ihnen ihre Kinder mit aggressivem Verhalten sowie mit Lügen, Stehlen oder Schuleschwänzen erhebliche Erziehungsschwierigkeiten bereiteten, hat sich 12 Jahre später der Anteil der Eltern, die von erheblichen Erziehungsschwierigkeiten mit den Kindern berichteten, auf heute 64 Prozent fast verdoppelt. Was damals noch ein kindliches Auflehnen gegen die Scheidung und der Ausdruck von hilfloser Wut und verletzten Gefühlen gewesen sein mag, hat heute oft die Form einer manifesten Störung angenommen, die sich in massiven psychischen Auffälligkeiten, darunter vor allem Phobien, sowie in Drogenmißbrauch, übermäßigem Alkoholkonsum und sexuellen Problemen ausdrückt. Diese Eltern mußten feststellen, daß ihre Hoffnung auf ein neues besseres Leben nach der Scheidung, eine Hoffnung, die sie voll in den Aufbau einer neuen »normalen« Familie investiert hatten, gescheitert ist. Den meisten ist nicht bewußt, daß in vielen Fällen in der Ausgrenzung des nichtsorgeberechtigten Elternteils der Keim für gerade dieses Scheitern steckt.

3. Kapitel

Offene Mehrelternfamilien

Eine Scheidung ist für alle Beteiligten eine bittere Erfahrung. Nur wenige Paare sind nach der Trennung in der Lage, Partner oder zumindest Freunde zu bleiben. Wenn sie dennoch fähig sind, einen Familienzusammenhalt herzustellen, der dem Kind den Zugang zu beiden Eltern ermöglicht, stehen die Chancen gut, daß die Kinder die Scheidung psychisch stabil und ausgeglichen überwinden. Offene Mehrelternfamilien stellen sich ihrer Andersartigkeit im Vergleich zur klassischen »Kernfamilie« und suchen in der Gestaltung ihrer familialen Beziehungen nach neuen Wegen. Der Stiefelternteil ist in die Familie integriert, ohne dabei den abwesenden Elternteil ersetzen zu wollen, und die geschiedenen Eltern haben die früheren Paarprobleme so weit bewältigt, daß sie als Mütter oder Väter ihrer Kinder miteinander kooperieren können.

In unserer Gesamtstichprobe gelang es etwa jeder fünften Familie, nach der Scheidung eine offene Familienform zu entwickeln, in der der außerhalb lebende Elternteil in das Familienbild und in das Familiengeschehen einbezogen ist. Die geschiedenen Eltern hatten versucht, freundschaftlich auseinanderzugehen – nicht so sehr, weil sie dem Ex-Partner wohlwollend gegenüberstanden, sondern weil sie sich gemeinsam verantwortlich fühlten. Nur wenige Eltern konnten allerdings ein so harmonisches Bild zeichnen wie Frau E:[33]

Frau E: »Wir hatten uns damals freundschaftlich getrennt, so daß die Kinder ihren Vater (Herrn Z, der erste geschiedene Mann von Frau E) oft gesehen haben. Er war oft bei uns, sie waren oft bei ihm. Er hatte danach eine Freundin, die hat denn zum Beispiel mal gesagt: ›Warum habt ihr euch eigentlich scheiden lassen, wenn ihr jetzt so freundschaftlich miteinander umgehen könnt?‹ Wir konnten das hinterher sehr viel besser als zu der Zeit, als wir noch verheiratet waren. Also es war wirklich 'ne nette, freundschaftliche Sache. Ich ging zu seinen Vortragsabenden, oder wenn mal eins der Kinder krank war und ich mußte in die Schule, dann schickte er seinen Lehrling, der saß dann am Bett.«

Mit dem Faktum der Mehrelternschaft können die Kinder in diesen Familien relativ selbstbewußt und locker umgehen. Sie sehen durchaus auch Vorteile darin, daß sie vertrauensvolle Beziehungen zu mehreren Elternfiguren haben. Diese Beziehungen sind aber nicht selbstverständlich gegeben, sondern müssen, wie der folgende Textausschnitt zeigt, immer neu entwickelt und an die jeweilige Familiensituation angepaßt werden.

Marlies Z (Tochter von Frau E): »Als wir kleiner waren, war ich mit meiner älteren Schwester am Wochenende oft zusammen bei meinem Vater. Wir sind dann immer zu ihm ins Bett gegangen, und dann ist Elke (Frau des Vaters) aufgestanden und hat Frühstück gemacht, und mein Vater hat uns Geschichten erzählt ... Wie oft das war, weiß ich nicht mehr genau. Als wir in K. gewohnt haben, bestimmt alle 14 Tage, aber als ich dreizehn war, war es vielleicht nur noch einmal im halben Jahr ... Dann war's so, er wußte meinen Konfirmationstermin ein Jahr vorher und ist da auf die Bahamas geflogen, und dann kam mein Geburtstagsgeschenk, ich hab im Januar Geburtstag, irgendwann im Juni. Naja, und dann hab ich ihm mit vierzehn oder so einen Brief geschrieben, in dem ich ihm genauestens vorgerechnet habe, wieviel Zeit er für mich aufgewendet hat. Das waren dann nachher sechs Sekunden am Tag. Ich hab ihm geschrieben, daß ich lieber keinen Vater hab als einen, dem ich nur sechs Sekunden wert bin ... Daraufhin hat er mich gleich angerufen und zu sich eingeladen, und dann fand eben ein Klärungsgespräch statt. Also von da ab war ich doch ziemlich distanziert ... Richtig gut wurde die Beziehung zu meinem Vater eigentlich erst wieder, als ich 18 war und häufiger plötzlich mal so einfach angeschneit kam in K., weil ich in der Gewerkschaft bin und da häufiger in K. zu tun hatte.«

Die räumliche Trennung nach der Scheidung kann dazu führen, daß Kindesinteressen und Elterninteressen in Konflikt geraten und der Kontakt immer schwächer wird. Wie der nachfolgende Textausschnitt belegt, kann die Beziehung auch wieder aufleben, wenn die räumliche Trennung aufgehoben ist. Entscheidend hierfür ist jedoch, daß Elternteil und Kind sich in der Zwischenzeit nicht entzweit haben.

Herr Z: »Für meine Töchter war die Scheidung nicht leicht. Sie haben unter der Trennung gelitten, mußten in den Kindergarten, und auch sonst gab's für sie Veränderungen. Ich hatte wegen der Firma nicht die Möglichkeit, mich viel um sie zu kümmern, und habe sie nur alle 14 Tage sonntags gesehen ... Später hat meine (zweite) Frau den Kontakt zu den Kindern hergestellt. Sie haben dann einmal monatlich ein Wochenende bei uns verbracht ... Seit drei Monaten studiert Ulrike hier, meine älteste Tochter. Sie wohnt auch bei uns während ihres Studiums. Ihr geht's gut, und uns geht's gut.«

Stiefeltern in solchen »Zwei-Kern-Familien« leben sehr bewußt mit der Tatsache, daß sie nicht Vater oder Mutter ihrer Stiefkinder sind. Sie müssen sich auf ein kompliziertes Geflecht von Gefühlsbeziehungen einlassen, einen eigenständigen Platz neben beiden biologischen Eltern finden und ihre Rolle in der Familie selbst definieren, was nicht einfach ist.
Für Herrn E ist es selbstverständlich und ein unbestrittenes Anliegen, sich auf die Kinder seiner Partnerin einzulassen, eine Beziehung zu ihnen aufzubauen und sie gern zu haben. Gleichwohl verlangt er weder, daß seine Stiefkinder ihre emotionale Nähe zum eigenen Vater verleugnen, noch will er diesen verdrängen. Es ist ein Balanceakt, den nicht einmal er selbst genau zu definieren vermag.

Herr E: »Meine Rolle, meine Funktion ist 'ne andere durch meine vielen Abwesenheiten als die eines Vaters, der um vier Uhr nach Hause kommt. Es ist sicher auch dadurch etwas anders, nicht so diese ganz typische Vaterrolle, weil wir auch zu Gesines Vater (der zweite geschiedene Mann von Frau E) eigentlich immer 'ne sehr normale Beziehung hatten. Ich halte das für normal, aber ich weiß, daß das nicht so üblich ist. Der kam zu seinen Tagen, wenn er Lust hatte, oder er kam nicht. Also insofern war Gesine eigentlich immer bewußt, daß ihr leiblicher Vater auch … er wohnt ja im selben Ort … also sie hat da schon durchaus ihre Verbindung und sicherlich auch emotionale Verbindungen gehabt. Und insofern gibt es da über'n Intellekt sicherlich 'ne andersartige Einordnung meiner Rolle bei ihr. Also, ich weiß nicht, wir haben das eigentlich nie so besprochen, wie das denn wohl ist vom

Gefühl her, daß sie da mit zwei männlichen Personen eigentlich so was hat wie zwei Väter, der eine, der ab und zu mal kommt, der andre, der öfter da ist, wie ich.«

In diesen Familien ist es üblich, daß viel über die Erziehung und die Belange der Kinder gesprochen wird und die durchaus vorhandenen unterschiedlichen Positionen in Erziehungsfragen diskutiert werden. Beide Partner sehen jedoch die Situation so, daß letztendlich, wenn keine Einigkeit mit dem außerhalb lebenden Elternteil erzielt wird, Mutter und Stiefvater zuständig sind für Entscheidungen, die das Kind betreffen:

Herr E: »Der spielt natürlich 'ne Rolle. Es hat also mit ihm (dem Vater von Gesine) die Erörterung gegeben, ob er sich denn an diesem Aufenthalt in den USA irgendwie beteiligen will oder beteiligt. Und darauf hat er erst gesagt: natürlich. Meine Frau hatte mit ihm telefoniert und ihm gesagt, monatlich kommen etwa 1000 DM raus. Und dann hat sie gefragt, ob er 500 DM, die Hälfte, übernimmt. Gut, hat er gesagt, einverstanden. Und dann hat er drei Tage später angerufen und hat gesagt: Ja, aber dann zahl ich keinen Unterhalt. Dann ist das im Grunde genommen für uns genau dasselbe, was für 'ne Kasperei ... Aber er ist daran beteiligt, und Gesine war nun in dieser Woche bei ihm, und er hat versucht, aus welchen Beweggründen weiß ich nicht, ihr auszureden, sie soll doch nicht nach Amerika. Und die sprechen auch noch so'n schlechtes Englisch, wenn, dann ist doch England besser. Also, involviert ist er schon in diese Diskussion, aber die Entscheidung fällen wir. Das ist klar.«

Die Kinder in diesen offenen Mehrelternfamilien scheinen durchaus in der Lage zu sein, mehrere Elternfiguren nebeneinander anzuerkennen. Wenn auch die Frage, wer von diesen zur Familie gehört, von Geschwistern unterschiedlich beantwortet wird:

Ulrike Z: »Für mich gehört zur Familie der ganze Reinfelder Kreis, meine Mutter, meine beiden Schwestern, Werner (Stiefvater) und Axel (Sohn von Werner) … Mein Vater, ich weiß nicht, eigentlich gehört er nicht so dazu.«

Marlies Z: »Am besten, würde ich sagen, versteh ich mich mit meiner kleinen Schwester, mit Gesine. Bei meiner Mutter ist es so, wenn ich Probleme hab oder wenn es mir schlecht geht, da weiß ich, daß sie dann jederzeit für mich da ist und mir auch wirklich hilft. Also meine Mutter auf jeden Fall, meine beiden Schwestern, klar. Dann mein Vater. Und irgendwie gehört für mich mein Vater mit Frau mehr zur Familie als meine Mutter mit Werner, weil, ja, also Werner akzeptier ich nicht so wie Elke. Aber klar, er gehört für mich auch irgendwie dazu. Und dann gehört für mich noch Margarethe dazu. Das war die zweite Frau meines verstorbenen Opas. Die wohnt auch in K. Und während des Fachlehrgangs war ich sehr oft da. Mit ihr kann man unheimlich gut reden, und sie ist eigentlich auch die im Prinzip, die so über meinen beiden Eltern steht. Ja, und dann mag ich noch sehr gern die Mutter von Werner, also sozusagen meine Oma, weil meine anderen Omas und Opas sind alle schon gestorben. Und dann versteh ich mich auch sehr gut mit Luise. Das ist Werners Tochter aus erster Ehe. Also mit der versteh ich mich gut. Das war bei uns Kindern immer ’ne richtige Cliquenwirtschaft, kann man sagen. Mit Luise und Axel waren wir dann ja fünf.«

Offene Mehrelternfamilien suchen neue Konzepte für die Gestaltung ihrer Familie. Der hinzukommende Stiefelternteil sieht seine Position in der Familie nicht in erster Linie aus der Elternperspektive, sondern versteht seine Rolle eher als Freund und »Alltagsvater« der Stiefkinder und als Partner der Mutter. Die Bezeichnung »Alltagsvater« stammt von einem Stiefvater aus unserer Untersuchungsgruppe, der sich damit von dem »Besuchsvater«, das ist für ihn der biologische Vater, abgrenzen wollte.

Die Kinder haben zusätzliche Kinder und Erwachsene in der Familie als Freunde und können ohne größere Loyalitätskonflikte mit diesen positiven Aspekten der Mehrelternschaft umgehen. Ihre Wohnung ist nicht auf den Haushalt der sorgeberechtigten Mutter beschränkt, sondern kann vorübergehend – wie bei Ulrike – oder langfristig – wie im Fall von Axel – der Haushalt des außerhalb lebenden Vaters sein. Der Kontakt zum außerhalb lebenden Vater ist freundschaftlich und unkompliziert und von den Familienmitgliedern akzeptiert. Der Umgang wird flexibel nach den Bedürfnissen der Beteiligten gehandhabt und kann auch im Haushalt der Mutter stattfinden.

Doch was anfangs noch angestrebtes Ziel beider geschiedener Eltern war, erwies sich im Laufe der Zeit als ein nur schwer einzulösender Anspruch. Bei den meisten Familien, die nach der Scheidung kooperiert hatten, ist mit zunehmendem Alter der Kinder die Kommunikation zwischen den Eltern schwächer geworden. Das heißt, die neue elterliche Kooperation, die wir in der ersten Erhebung festgestellt hatten, war nach 12 Jahren zum Zeitpunkt unserer zweiten Erhebung weitgehend verschwunden und hat heute einem »parallel parenting«, einem Nebeneinandererziehen Platz gemacht (vgl. Anm. 23).

Frau E: »Früher haben wir uns häufiger gesehen, weil die Kinder klein waren, und jetzt seh ich ihn kaum noch, es sei denn, ich mache Einkäufe in K. oder besuche meine Freundin, dann guck ich bei ihm mal rein. Sonst sehen wir uns gar nicht. Kürzlich haben wir uns mal im Konzert getroffen. Er ist auch bei der Konfirmation der ältesten Tochter hiergewesen, aber sonst läuft der Kontakt über die Kinder.«

Typisch für diese »Zwei-Kern-Familien« ist ein äußerst kompliziertes Netzwerk familialer Beziehungen. In ihm nehmen Erwachsene unterschiedliche Rollen ein als Eltern oder Stiefeltern, Ehegatten und Exehegatten, einige sind für im Haushalt lebende Kinder aus früheren Ehen sorgeberechtigt, andere nichtsorgeberechtigte Eltern von weiteren Kindern, die außerhalb des Haushalts leben. Entsprechend haben die Kinder vielfältige Rollen als Söhne und Töchter, als Geschwister, Halbgeschwister und Stiefgeschwister im gemeinsamen oder in getrennten Haushalten. Sie haben neben eigenen Großeltern auch Stiefgroßeltern und möglicherweise Exstiefgroßeltern. Das Zurechtfinden in solchen komplexen Beziehungsstrukturen stellt an alle Familienmitglieder hohe Ansprüche und erfordert Toleranz und Konfliktfähigkeit. In diesen Anforderungen und in der Tatsache, daß es für die Beziehungen in der Mehrelternfamilie noch keine verbindlichen Rollenmodelle gibt, liegt für mich eine Erklärung dafür, daß die festgestellten erweiterten Familienbeziehungen sich im Laufe der Zeit abzuschwächen scheinen oder beliebiger werden.

Kinder mit erweiterten Verwandtschaftsbeziehungen

> »Zu meiner Familie gehören meine richtigen Eltern, meine Stiefeltern, meine Geschwister und meine Stiefgeschwister, meine Großeltern und mein Stiefonkel. Ich habe eigentlich zwei Familien, die Familie bei meiner Mutter und die bei meinem Vater.« *(Sebastian R., 21 Jahre)*

Für die Kinder aus diesen offenen Mehrelternfamilien bestand ihre Familie nach der Scheidung aus den zwei Haushalten der beiden Eltern. In der Regel wohnte das Kind im Haushalt des Elternteils, der auch das Sorgerecht hatte, und hielt sich im Haushalt des anderen Elternteils nur besuchsweise an den Wochenenden und in den Ferien auf. Es hatte eine tragfähige, zuverlässige Beziehung jedoch zu beiden Eltern und hatte die Gewißheit eines zweiten Zuhauses, in dem es ebenso Schutz und Unterstützung finden konnte.

Dabei wurden ganz unterschiedliche Lösungen gefunden, um die Familienbeziehungen nach der Scheidung aufrechtzuerhalten. In einigen Familien gelang dies nur, weil zwar vereinbarte Besuchsregelungen von beiden Seiten strikt eingehalten wurden, die Eltern aber darüber hinausgehende Kontakte – besonders nach der Wiederverheiratung eines oder beider Partner – möglichst vermieden. In anderen Familien, wie bei Familie E, erhielten sich über Jahre hinweg kontinuierliche und vielgestaltige Beziehungen, die den sich wandelnden familialen Bedürfnissen und neuen Partnerstrukturen flexibel angepaßt wurden. Wie Ulrike Z und Axel E haben Kinder aus drei dieser offenen Mehrelternfamilien zwischenzeitlich, zumeist zu Studien- oder Ausbildungszwecken, im Haushalt des nichtsorgeberechtigten Elternteils gelebt. Aber auch für diese Familien gilt, daß sich die geschiedenen Eltern nur noch selten sehen. Heute »läuft der Kontakt über die Kinder«, wie Frau E es beschreibt.

Mehrelternfamilien erweitern den Verwandtschaftskreis des Kindes. Wir konnten feststellen, daß die Wiederverheiratung der Eltern (aber auch der Großeltern) eine Kette von Beziehungen hervorbringt, die potentielle Quellen von Beistand und Unterstützung sein können. So hat Marlies Z eine enge familiäre Beziehung zu der zweiten Frau ihres verstorbenen Großvaters, und sie betrachtet die Mutter ihres Stiefvaters als ihre eigentliche Großmutter. Wie wichtig sind diese erweiterten Verwandtschaftsbeziehungen im späteren Leben? Besitzen sie den gleichen Grad an Verbindlichkeit wie die biologische Verwandtschaftskette, oder werden die familiären Beziehungen beliebiger und schwächer, je weiter sich das Verwandtschaftssystem ausdehnt? Wie wichtig diese Fragen für den Wandel familialer Lebensformen sind, liegt auf der Hand, wenngleich sie die vorliegende Studie nur aufzuwerfen, nicht aber zu beantworten vermag. Die Komplexität dieser Fragestellung zeigt sich schon in den unterschiedlichen Beziehungen, die zwischen Kindern und ihren Stiefvätern oder -müttern bestehen.

»Also Stiefvater, find ich, ist ein bescheuertes Wort. Ich sag eigentlich: Das ist der Lebenspartner oder der Ehemann meiner Mutter. Und wenn, nenn ich ihn eigentlich immer Werner, und inzwischen wissen auch alle in meinem Umfeld, wer er ist, und können ihn so zuordnen.« *(Marlies Z, 25 Jahre)*

»Im Prinzip verstehen wir uns gut. Da gibt es aber Geschichten aus der Zeit, wo ich noch zu Hause lebte. Meine Mutter ist sowohl psychisch als auch körperlich sehr empfindlich und wurde immer krank, wenn wir uns gestritten haben, und ›Charlie‹, so nennen wir ihn seit der

Kindheit, machte mich für ihre Krankheit verantwortlich. Heute sag ich: Komm, halt dich da raus!« *(Felix C., 21 Jahre)*

»Am Anfang habe ich mich gut mit ihr verstanden. Ich war froh, daß mein Vater mit dieser so viel jüngeren Frau aufblühte ... Sie hat aber gemeint, daß sie eine Familie heiratet, und dem war nicht so. Mir waren die Ansprüche zu hoch, und ich habe sie vielleicht auch abgewiesen, so daß unser Verhältnis jetzt etwas abgekühlt ist.« *(Julia N., 22 Jahre)*

Die Mehrheit der »Kinder« (67 Prozent) aus diesen Mehrelternfamilien betrachtet den Stiefelternteil als Freund oder Freundin, die sie mögen und/oder als Partner/in der Eltern akzeptieren. In der Öffentlichkeit und unter Freunden sprechen sie freimütig über ihre Familiensituation und machen wie Marlies Z kein Hehl daraus, daß diese sich von anderen Familien unterscheidet. Sie fühlen sich in ihren Familien wohl und können ohne größere Loyalitätskonflikte mit ihren Erfahrungen in den zum Teil recht unterschiedlichen Familienwelten umgehen. Ein Grund für das Wohlergehen der meisten dieser Kinder liegt zweifellos darin, daß ihre Eltern die früheren Paarprobleme so weit bewältigt haben, daß der Kontakt zwischen ihnen kaum noch durch frühere Konflikte belastet ist. Die geschiedene Ehe der Eltern war in der Regel nur kurz, durchschnittlich 5 Jahre, die Kinder waren bei der Trennung mehrheitlich noch im Vorschulalter und haben nur wenige Erinnerungen an ein gemeinsames Familienleben mit beiden Eltern. In einer mehrjährigen Einelternphase, die auf die Scheidung folgte, haben sie eine enge und stabile Beziehung zu ihrem sorgeberechtigten Elternteil entwickelt – 83 Prozent bezeichneten diese Beziehung als eng und herzlich –, bevor dieser wieder heiratete.

Für die Kinder in diesen Familien war es wichtig, daß in bezug auf den außerhalb lebenden Elternteil klare Verhältnisse herrschten. Die Besuchsregelung wurde überwiegend großzügig und flexibel gehandhabt, dennoch klagten manche Kinder, daß sie ihren Vater oder ihre Mutter nicht ausreichend sehen konnten.

> »Theoretisch konnte ich ihn immer sehen, wann ich wollte. Aber wenn ich ihn wirklich brauchte, hatte er häufig keine Zeit.« *(Philipp W., 19 Jahre)*
>
> »Nein, ich konnte meine Mutter nicht so oft sehen, wie ich sie brauchte. Sie hatte oft keine Zeit für mich.« *(Britta F., 21 Jahre)*

Für einen Teil der Kinder wurde die unzulängliche Beziehung zum außerhalb lebenden Elternteil durch ein positives Familienleben mit guten geschwisterlichen und stiefgeschwisterlichen Beziehungen[34] und einem engagierten Stiefelternteil ausgeglichen. Dennoch gibt es einige Kinder in diesen offenen Mehrelternfamilien, die ihre besondere Familienform als belastend empfanden und auch heute noch unter der Scheidung leiden.

> »Ja, das Hin und Her zwischen den Eltern – z.B. bei wem feiere ich Weihnachten –, jedesmal sich wieder einleben, das fand ich belastend.« *(Doris U., 26 Jahre)*
>
> »Ich konnte mir lange nicht vorstellen, daß jemand mich liebhaben könnte. Habe heute noch Verlassenheitsängste und leide unter Eifersucht.« *(Silke M., 25 Jahre)*

Die Hälfte der von uns befragten »Kinder« – darunter die Mehrheit der jungen Frauen – aus diesen Mehrelternfamilien meinten, daß die Scheidung der Eltern ihre Einstellung zu Ehe und Familie beeinflußt habe. Einige erwarten von vornherein nicht, daß Beziehungen ewig halten, und legen größeren Wert auf eine berufliche Karriere. Die meisten aber sehnen sich nach einer harmonischen Partnerbeziehung und wollen wie Ulrike Z. unbedingt verhindern, daß sie die Fehler der Eltern wiederholen.

»Ich will auf keinen Fall in eine ähnliche Situation geraten wie meine Eltern. Also wenn ich heirate, dann erst relativ spät, nicht so früh wie meine Mutter, weil ich glaube, daß so was zur Scheidung führen kann.« *(Ulrike Z., 27 Jahre)*

Stiefeltern als »Alltagseltern«

»Wenn man neu in eine Familie kommt, ist man erstmal relativ offen und sagt: Das guck ich mir mal an. Und das ist ja auch ganz faszinierend, was da läuft. Also ich hab, glaube ich, relativ wenig eingegriffen. Nicht über den Verstand gesteuert, mehr so: Das läuft ja eigentlich ungeheuer toll. Und ich finde das auch heute noch ungeheuer, was so 'ne Frau, die mit drei Kindern allein steht und noch 'nen Beruf macht, in dieser Zeit an Kindererziehung praktiziert hat ... Also insofern hab ich relativ wenig Anlaß gesehen, aus meiner Rolle heraus einzugreifen, und wir haben uns mehr oder weniger, ohne darüber groß zu reflektieren, so verhalten: Das muß sich einspielen. Und das hat sich auch eingespielt.« *(Herr E, 54 Jahre)*

Einen Stiefelternteil in die Familie zu integrieren, erfordert viel Toleranz und Zeit. Rollen müssen ausprobiert und Zuständigkeiten neu verteilt werden. In den meisten dieser offenen Mehrelternfamilien blieb die Hauptverantwortung in der Erziehung wie bei Familie E bei dem biologischen Elternteil, während Stiefvater oder -mutter eine unterstützende und beratende Funktion übernahmen. 80 Prozent der Stiefeltern verstehen sich als Freund bzw. Freundin des Kindes und als Partner/in des Elternteils. Sie haben nicht die Sorge, daß ihre Partnerbeziehung von der Qualität der Beziehung zu ihren Stiefkindern abhängt. Die Beziehung zu ihren Stiefkindern gestalteten sie relativ unabhängig; vor allem aber gaben sie ihr Zeit, sich zu entwickeln.

Eheleute in Mehrelternfamilien stehen vor dem Problem, daß sie in der Regel keine unbeschwerte Zeit als Paar haben, in der sie sich ausschließlich einander zuwenden können. Schon in der Zeit des Kennenlernens sind die Kinder beteiligt, machen ihre Ansprüche geltend und müssen in ihre Beziehung mit einbezogen werden. Der neue Partner hat es nicht mit einem ungebundenen Erwachsenen zu tun, sondern mit einer gewachsenen Familie, die ihre eigene Geschichte hat und ihre eigenen Ansprüche stellt. Besonders schwer war dies für Stiefeltern, die noch keine Erfahrung mit eigenen Kindern hatten (insgesamt 40 Prozent).

> »Es war ein Problem, daß man sich nicht zu zweit kennenlernte, sondern noch eine dritte Person da war, mit der man sich anfreunden mußte.« *(Stiefvater, 42 Jahre)*
>
> »Das Kind war immer dabei. Die ›Zweisamkeit‹ hat etwas gefehlt.« *(Stiefmutter, 40 Jahre)*

Stiefeltern, die eigene Kinder aus einer früheren Beziehung haben, die nicht bei ihnen leben und die sie infolgedessen nur selten sehen, entwickeln häufig Schuldgefühle. Einige versuchen, an ihren Stiefkindern das wiedergutzumachen, was sie den eigenen Kindern nicht geben können, andere fühlen sich hilflos und reagieren auch einmal aggressiv, weil sie den Stiefkindern die Zuwendung geben, die eigentlich ihren eigenen Kindern zustehen würde.

»Ich denke oft daran, daß ich mein eigenes Kind gern kennenlernen würde. Es ist nichtehelich, und seine Mutter wollte keinen Kontakt.« *(Stiefvater, 46 Jahre)*

»Ich fühle mich verantwortlich für meine Kinder, habe aber keine Möglichkeit, diese Verantwortung zu leben. Ich kann nicht an ihrem Leben teilhaben und ihnen in schlechten Stunden keine Hilfestellung geben. Meine geschiedene Frau blockt jeden Kontakt ab. Ich leide sehr darunter.« *(Stiefvater, 53 Jahre)*

Manche Stiefeltern machten die Erfahrung, daß ein befriedigender Umgang mit dem außerhalb lebenden Elternteil nicht nur für die Kinder, sondern auch für sie das Zusammenleben in der Mehrelternfamilie erleichtert, weil dadurch ihre Rolle gegenüber den Stiefkindern klar abgegrenzt und für alle eindeutig definiert ist.

»Also wir waren, glaube ich, nie enttäuschte ehemalige Partner unserer ehemaligen Ehepartner, die das Elternbild kaputtgemacht haben. Ich denke, das muß man Kindern nicht bieten ... Für die Kinder bestand immer die Möglichkeit, ihre anderen Eltern zu besuchen, und wir haben das von unserer Seite auch völlig ohne Eifersucht gesehen. Und das war auch mal entlastend, wenn es Spannungen gab, daß da noch ein anderer Elternteil ist, der auch Verantwortung hat.« *(Herr E, 54 Jahre)*

Der Umgang mit dem außerhalb lebenden Elternteil ist für die meisten Stiefeltern kein Problem. Zwei Stiefmütter unterhalten sogar eine freundschaftliche Beziehung zur Mutter ihres Stiefkindes. Für diese Frauen ist es auch klar, daß die außerhalb lebende Mutter mit zur Familie gehört. Die übrigen Stiefeltern ziehen den Kreis enger und zählen nur die zu ihrer Familie, mit denen sie im Alltag zusammenleben.

Der Umgang mit dem außerhalb lebenden Elternteil

Die Einbeziehung des außerhalb lebenden Elternteils in die Mehrelternfamilie und seine Integration in das Familienleben waren nur möglich, weil die ehemaligen Ehepartner ihre Beziehung geklärt hatten und Stiefelternteil und außerhalb lebender Elternteil sich gegenseitig akzeptierten. Die gegenseitige Akzeptanz und Gelassenheit der Erwachsenen innerhalb dieser offenen Familienkonstellation erlaubte es den meisten Kindern, sich frei zwischen ihren beiden Familien zu bewegen, ohne sich hin- und hergerissen zu fühlen. Ein häufiges Arrangement nach der Scheidung bestand darin, daß beide Eltern ihren Wohnsitz nahe zueinander wählten, so daß das Kind beide Elternwohnungen zu Fuß erreichen konnte. Andere Arrangements sahen vor, daß alle Familienmitglieder bei bestimmten Anlässen, wie etwa dem Geburtstag des Kindes, zusammenkamen, oder daß, solange die Kinder noch klein waren, traditionelle Familienfeste wie Weihnachten zusammen gefeiert wurden.

Wir haben in unserer Studie festgestellt, daß sich die Wiederverheiratung eines nichtsorgeberechtigten Elternteils in vielen Fällen negativ auf die regelmäßigen Kontakte und die Intensität der Beziehung zwischen Elternteil und Kind auswirkt. Bei einigen Eltern aus diesen offenen Mehrelternfamilien hatte die Wiederverheiratung jedoch auch den gegenteiligen Effekt und verstärkte die Beziehung zwischen Elternteil und Kind. Unter den befragten nichtsorgeberechtigten Eltern sind drei Eltern, die nach der Scheidung zunächst nicht imstande waren, mit dem geschiedenen Partner im Interesse ihres Kindes zu kooperieren. [35] Ein Vater hatte sich nach der Scheidung für ein mehrjähriges Entwicklungshilfeprojekt nach Afrika verpflichtet. Eine Mutter litt nach der Trennung unter Alkoholproblemen und mochte ihre

Tochter deshalb für einige Jahre nicht sehen. Ein anderer Vater konnte lange nicht verwinden, daß seine Frau sich von ihm getrennt hatte, und zog sich zunächst ganz von seiner Familie zurück. Mit der Wiederverheiratung wurden die Spannungen zwischen den geschiedenen Eltern zum Teil dadurch abgebaut, daß nun bei beiden eine Art Vermittler hinzugekommen war, der die Feindlichkeiten dämpfte. Darüber hinaus waren die beiden Väter, die bislang nur wenig mit ihrer Elternrolle anzufangen wußten, nun mit Hilfe einer neuen Ehepartnerin eher in der Lage, diese Rolle auszufüllen.

Heute stehen nur noch knapp die Hälfte der nichtsorgeberechtigten Eltern aus diesen offenen Mehrelternfamilien in regelmäßigem, zum Teil freundschaftlichen Kontakt mit dem geschiedenen Ehepartner. Die übrigen sehen sich gelegentlich, etwa wenn es Ausbildungsfragen zu besprechen gibt, oder sie kommen über Vereinsaktivitäten u.a. eher zufällig zusammen.

> »Ich sehe meine geschiedene Frau heute nur noch wenig. Wenn sie mal in K. ist, schaut sie bei mir herein. Wir haben uns neulich im Konzert getroffen ... In ihrem Haus war ich zuletzt bei der Konfirmation unserer ältesten Tochter.« *(Herr Z., 58 Jahre)*
>
> »Wir sehen uns regelmäßig bei Familienfeiern, z.B. den Geburtstagen der Kinder, aber auch an meinem Geburtstag sowie vor oder nach den Feiertagen. Es gibt auch spontane Treffen mit den jetzigen Ehepartnern. Mein Ex-Mann und seine Frau sind Patienten meines Mannes.« *(nichtsorgeberechtigte Mutter, 45 Jahre)*

Mit Ausnahme einer Mutter, die in fester Partnerschaft lebt, sind alle Eltern wieder verheiratet, 43 Prozent haben Kinder aus der neuen Ehe. Bei der Frage, ob die gemeinsame elterliche Sorge nach der Scheidung für die Befragten und ihre Kinder damals die bessere Lösung gewesen wäre, stieß ich auf ein scheinbares Paradox: Die nichtsorgeberechtigten Eltern, die nicht am Leben ihrer Kinder teilgenommen haben, weil sie aus den oben geschilderten Mehrelternfamilien mit »Normalitäts«anspruch ausgegrenzt wurden, sahen in der gemeinsamen Sorge eine ideale Möglichkeit, ihre Elternrolle auszuüben. Dagegen wiesen gerade die nichtsorgeberechtigten Eltern aus den offenen Mehrelternfamilien, die ihre Elternrolle immer ausgeübt haben, auf die Nachteile der gemeinsamen Sorge für das Kindeswohl hin und sprachen sich überwiegend gegen eine gemeinsame elterliche Sorge nach der Scheidung aus.

> »Ich halte die gemeinsame Sorge für keine Verbesserung, denn das Kind sollte in einer festen Umgebung aufwachsen. Es kann nur gutgehen, wenn sich die Lebensgestaltung der beiden Elternteile nach der Trennung noch ähnlich ist, damit es für das Kind kein ständiges Wechselbad bedeutet. Meine geschiedene Frau und ich leben jedoch sehr unterschiedlich und haben verschiedene Erziehungsstile.« *(nichtsorgeberechtigter Vater, 47 Jahre)*
>
> »Nein, auf keinen Fall. Durch die gemeinsame elterliche Sorge werden Emotionen hochgezogen, Kinder geraten in Zielkonflikte ... Ich habe meiner Frau die Kindererziehung bewußt allein überlassen, um die Kinder nicht hin- und herzureißen, auch wenn's mir schwer gefallen ist.« *(nichtsorgeberechtigter Vater, 60 Jahre)*
>
> »Ich glaube nicht, daß die gemeinsame Sorge eine bessere Lösung gewesen wäre. Die Kinder wären noch mehr zerrissen worden. Wenn ausreichend Kontakt zu dem außerhalb lebenden Elternteil besteht, kann dieser Einfluß auf die Kinder nehmen. Als es um die Empfängnis-

verhütung bei meiner jüngsten Tochter ging, habe ich die Initiative ergriffen und bin mit ihr zum Arzt gegangen.« *(nichtsorgeberechtigte Mutter, 42 Jahre)*

Auch wenn die meisten dieser Eltern sich ganz bewußt nicht in die Erziehung durch den geschiedenen Partner einmischten, so nahmen sie doch regen Anteil und kümmern sich auch heute noch um ihre Kinder. Etwa die Hälfte sieht ihre inzwischen erwachsenen Kinder noch jede Woche oder alle vierzehn Tage und bezeichnet die Beziehung als eng und herzlich. Wenn sie Bilanz ziehen, war die Scheidung ihrer ersten Ehe für die meisten positiv, entweder weil sie wie Herr Z die »Frau meines Lebens« gefunden haben, oder weil die damaligen Partnerprobleme als ausweglos erschienen. Die offene Haltung dieser nichtsorgeberechtigten Eltern spiegelt sich auch in ihrer Familienvorstellung wider. Für 57 Prozent gehören nicht nur die Kinder aus der ersten Ehe, sondern auch der geschiedene Partner zu ihrer Familie.

Eltern mit dem Mut zu einer eigenständigen familialen Lebensform

»Mit den verschiedenen Namen, das stört mich überhaupt nicht. Also in der Schule bin ich nur Frau Z, und im Rathaus bin ich nur Frau Z-E. Und wenn mein Mann mich als seine Frau vorstellt, bin ich nur Frau E. Wie's gerade kommt, das ist eigentlich egal. Ich denke, es kommt mehr darauf an, wie die neuen Partner mit der Vergangenheit umgehen können. Das Entscheidende ist, ob man das akzeptieren kann, daß da 'ne Vergangenheit ist, die auch Verpflichtungen mit sich bringt.« *(Frau E, 52 Jahre)*

Wie Frau E stellen sich die Eltern aus diesen offenen Mehrelternfamilien bewußt ihrer Familiengeschichte. Die Vergangenheit ist für sie nicht ein Kapitel, das sie irgendwann einmal bewältigt und abgeschlossen haben, sondern sie ist durch die außerhalb lebenden Elternteile und durch die Kinder aus den ersten Ehen immer präsent. Knapp die Hälfte haben wie Frau E einen Partner geheiratet, der ebenfalls geschieden ist und eigene Kinder in die Mehrelternfamilie eingebracht hat. Sie fühlen sich verpflichtet, nicht nur den außerhalb lebenden Elternteil ihrer Kinder in das Familiengeschehen zu integrieren, sondern auch mit dem außerhalb lebenden Elternteil ihrer Stiefkinder Kontakt zu halten und über die Entwicklung der Kinder zu sprechen oder deren Zukunft, z.B. schulische Veränderungen, zu planen.

> »Es war für meinen Mann und mich nie ein Problem, mit Axels Mutter umzugehen. Ich hab mit ihr telefoniert und sie auch besucht, mit ihr Tee getrunken und konnte mit ihr manche Dinge besprechen, die Axel betreffen. Er hatte nach der Trennung seiner Eltern sehr starke Schulschwierigkeiten und mußte eine Klasse wiederholen … Weil mein Mann so viel unterwegs ist, hab ich ja die Erziehung in erster Linie ausgeübt, jedenfalls so die alltäglichen Dinge … Und umgekehrt war es für meinen Mann auch nie ein Problem, wenn Gesines Vater seine Tochter hier im Haus besucht hat und wir zusammen geklönt haben. Mal saß er dabei, mal auch nicht, je nachdem, wie's seine Zeit erlaubte.« *(Frau E, 52 Jahre)*

Bei der Besuchsregelung wurde in jeder dieser offenen Mehrelternfamilien das gerichtlich festgelegte Umgangsrecht als Mindestnorm betrachtet, wobei zwei Familien in den vergangenen zwölf Jahren an dieser Regelung festgehalten haben. Die Mehrheit aber bemühte sich, die Besuchsregelung flexibel den Bedürfnissen aller Beteiligten anzupassen. Dabei spielte die Gestaltung regelmäßiger Besuche beim anderen Elternteil eine wichtige Rolle, auch wenn sie oft mit Schwierigkeiten verbunden war. Auch von diesen Familien gaben einige Eltern an, ihnen sei es nach der Wiederverheiratung zunächst schwergefallen, den außerhalb lebenden Elternteil in die Erziehungsverantwortung mit einzubeziehen und zu akzeptieren, daß dieser einen wichtigen Einfluß auf das Kind hat und auch behält. Andere sprachen von organisatorischen Problemen, die sich aus dem Umzug des außerhalb lebenden Elternteils in einen anderen Wohnort ergaben, was regelmäßige Besuche erschwerte. Eine Mutter war der Meinung, daß ihr geschiedener Mann in erster Linie »Besuchsvater« sei, weil er den Alltag des Kindes nicht mehr teile, sondern versuche, dem Kind an den Besuchstagen etwas Besonderes zu bieten, den Konflikten mit dem Kind aber möglichst aus dem Wege gehe.

Aufgrund ihrer Erfahrungen sind alle Eltern darin einig, daß das alleinige Sorgerecht, das ihnen in allen Angelegenheiten des Kindes die »letzte Entscheidung« vorbehält, für sie wichtig ist. Nur so sei es möglich, die unterschiedlichen Interessen und Bedürfnisse von Eltern und Kindern in dieser Familienkonstellation ohne größere Reibungsverluste auszuhandeln und konstruktiv zu lösen. Mit Ausnahme eines Vaters, der sich mit den Schwierigkeiten seiner Tochter überfordert fühlt, stimmen alle sorgeberechtigten Eltern aus diesen offenen Mehrelternfamilien mit ihren Ex-Partnern darin überein, daß eine gemeinsame elterliche Sorge nach der Scheidung nicht praktikabel sei, sondern daß jemand da sein müsse, der, wie Frau E formuliert, das letzte Wort hat.

»Ich halte es für sehr schwierig, daß man bei der gemeinsamen Sorge gezwungen wird, noch Kontakt zu haben, obwohl man gar nicht gut miteinander umgehen kann. Wenn dann noch Punkte entschieden werden müssen, die strittig sind, die schon schwierig sind in einer intakten Ehe, das halte ich für wahnsinnig schwer... Ich hätte das nicht gewollt, mich so in der Anfangsphase nach meiner Trennung auseinandersetzen zu müssen. Ich meine, der Elternteil, bei dem das Kind lebt, muß auch die letzte Entscheidung haben.« *(Frau E, 52 Jahre)*

In unserer Studie fällt folgendes ins Auge: Im Vergleich zu den Eltern aus den Mehrelternfamilien, die sich als »Normal«familien verstehen und darstellen, haben die fünf Mütter und fünf Väter aus diesen offenen Mehrelternfamilien eine kürzere erste Ehe von durchschnittlich fünf Jahren hinter sich, die nicht von gewaltsamen Auseinandersetzungen oder einer Vernachlässigung der Kinder belastet war. Es gab keine Kämpfe um das Sorgerecht, 90 Prozent der Eltern hatten sich noch vor der Scheidung geeinigt. Auch gab es keine nennenswerten wirtschaftlichen Probleme. Zwei Mütter machten nach der Scheidung eine Ausbildung bzw. eine Mutter studierte an der Fachhochschule. Die übrigen Eltern hatten eine abgeschlossene Ausbildung und waren in ihren erlernten Berufen tätig, 20 Prozent haben ein Universitätsdiplom. Unterschiede lassen sich auch bei der Betreuung und Versorgung der Kinder nach der Scheidung feststellen. 80 Prozent der Eltern konnten hierbei die Hilfe von Verwandten und Freunden in Anspruch nehmen, vor allem kümmerte sich der nichtsorgeberechtigte Elternteil regelmäßig um sein Kind bzw. seine Kinder und versorgte es/sie auch im Krankheitsfall. Die meisten Kinder waren damals Einzelkinder (70 Prozent) und befanden sich bei der Scheidung ihrer Eltern noch im Vorschulalter. Das heißt, für die Eltern aus diesen offenen Mehrelternfamilien waren die ökonomischen und sozialen Voraussetzungen vor und nach der Scheidung sehr viel günstiger als für die Eltern aus den Mehrelternfamilien, die sich als »Normal«familien verstehen, und es fiel ihnen entsprechend leichter, für sich und ihr/e Kind/er eine gesicherte Existenz aufzubauen. Die Beziehung zu dem geschiedenen Partner war zwar von Enttäuschung und auch Wut, nicht aber von Haß und Verbitterung gekennzeichnet. Auch dies hat es ihnen zweifellos erleichtert, nach der Trennung als Eltern zu kooperieren.

Fast alle Eltern aus diesen offenen Mehrelternfamilien haben ihre Kinder nach der Scheidung mehrere Jahre allein erzogen und in dieser Zeit einen großen Abstand zur ersten Ehe gewonnen. Für die Mütter war die mehrjährige Einelternphase wichtig, um ihre Vorstellungen von Selbstverwirklichung und Partnerschaft zu überprüfen und weiterzuentwickeln; 40 Prozent der Mütter sind keine neue Ehe eingegangen, sondern leben in einer langjährigen Partnerschaft. Auch für die Väter war die Phase als Alleinerzieher eine Zeit, in der sie sich nach eigenen Angaben weiterentwickelt haben und »reifer geworden« sind und nach der sie ihre eigene Rolle in einer Ehe kritischer betrachten.

> »Ich bin kritischer geworden, auch mir selbst gegenüber. In der Zeit als Alleinerzieher habe ich gelernt, daß ich auch allein mit Kind leben kann und daß ich, wenn ich wieder heirate, sehr viel mehr für eine Beziehung tun muß.« *(Vater, 43 Jahre)*

Als wir nach 12 Jahren wieder mit den Eltern sprachen, waren diese mit ihrer neuen Ehe oder Lebensgemeinschaft überwiegend zufrieden. In 30 Prozent der Familien gibt es Kinder aus der neuen Ehe, bei der Hälfte der Familien sind Stiefkinder hinzugekommen. Mit Ausnahme eines Vaters sind alle Eltern der Ansicht, daß ihre Kinder die Veränderungen durch Scheidung und Wiederverheiratung recht gut überstanden haben. 90 Prozent bezeichneten ihre Beziehung zu den Kindern als eng und herzlich. Als wir nach Schwierigkeiten mit den Kindern fragten, berichtete nur ein Vater von einer gestörten Beziehung zu seiner Tochter. Weitere 30 Prozent der Eltern nannten Schwierigkeiten, bei denen es sich aber nicht um Beziehungskonflikte oder Verhaltensstörungen handelte, sondern eher um eine jugendliche Protesthaltung (Aufsässigkeit sowie Probleme mit Lehrern und Ausbildern).

Obwohl heute viele Kinder den Familienhaushalt verlassen haben und in einer eigenen Wohnung leben, sehen 80 Prozent der sorgeberechtigten Eltern ihre Kinder noch täglich oder zumindest einmal in der Woche. In allen Familien gibt es bestimmte Ereignisse oder Anlässe, wie Konfirmation, Geburtstage, Weihnachten, Ostern, wo die ganze Familie zusammenkommt. Bei 30 Prozent ist gelegentlich oder regelmäßig auch der nichtsorgeberechtigte Elternteil mit Partner/in dazu eingeladen und wird von diesen Eltern als zu ihrer Familie gehörig betrachtet. Zwar bezeichnete die Mehrheit der Eltern (60 Prozent) ihre Beziehung zu dem/der geschiedenen Partner/in als freundschaftlich, doch sehen sich die geschiedenen Eheleute heute nur noch selten und hören nur noch gelegentlich über ihre Kinder voneinander.

Bei den Eltern aus diesen offenen Mehrelternfamilien fällt auf, daß sie viel über ihre Familienbeziehungen nachgedacht haben und bemüht sind, ihre Vorstellungen von Familie und von Partnerschaft in die neue Ehe einzubringen. Wie bei Frau E werden unterschiedliche Erziehungs- und Familienvorstellungen der Partner aufrichtig wahrgenommen, und beide bemühen sich immer wieder, ihre Vorstellungen und Bedürfnisse miteinander abzustimmen.

»Also ich versuche meinem Mann klarzumachen, wenn wir Auseinandersetzungen haben wegen solcher Freiheiten, die ich Gesine einräume, daß das Konflikte sind, die nichts damit zu tun haben, daß er Stiefvater ist oder daß Gesine mein Kind ist, sondern daß das ganz normale Schwierigkeiten sind, die in jeder Familie vorkommen, in der pubertierende Kinder leben ... In diesen Tagen war so eine Situation, über die ich sehr unglücklich war. Ich kam abends von einem Klassentreffen in K. nach Hause, und Werner lag im Bett und war noch wach und sprach nicht mit mir, und dann kam heraus, er war verärgert, daß Gesine an dem Abend bis 24 Uhr ausgehen durfte. Und ich geb zu, ich hatte vergessen, es ihm zu sagen, und Werner war hier und Gesine wurde abgeholt und hat dann zu ihm gesagt: ›Du, Nils und ich gehen jetzt zum Essen, aber ich hab's mit Mutter abgesprochen.‹ Und da fühlte er sich brüskiert ... So, und am nächsten Tag kam dann mit Gesine diese schreckliche Nachhausekommendiskussion. Sie fand 24 Uhr natürlich viel zu früh, ich fand 24 Uhr eigentlich schon zu spät, mein Mann fand alles nach 22 Uhr zu spät und war sauer, meine Tochter war sauer. Ich war total geknickt und unheimlich traurig und fertig und fing fürchterlich an zu heulen abends, und da sagte mein Mann: ›Ich will versuchen, es in Zukunft etwas anders zu handhaben‹. Und er sagte jetzt an diesem Wochenende: ›Wir sollten wieder etwas mehr Familienleben machen und häufiger die Kinder einladen‹. Darüber hab ich mich sehr gefreut. Es ist so ein Thema, daß ich immer mal angesprochen hab, daß ich finde, wir haben zu wenig Zeit für die Kinder.« *(Frau E, 52 Jahre)*

4. Kapitel

Einelternfamilien, die kooperieren

Nur wenige Eltern sehen voraus, was nach der Trennung auf sie zukommt. Für die meisten wird das Leben weitaus mühsamer und komplizierter, als sie es sich vorgestellt haben. Die Notwendigkeit, Beruf und Familie so miteinander zu verbinden, daß die Kinder keinen offensichtlichen Nachteil erleiden oder gar Schaden nehmen, wird vor allem für solche Eltern zum zentralen Problem, die sich nicht wieder verheiraten und auch keinen neuen Lebenspartner haben. Einigen alleinerziehenden Eltern ist es gelungen, ihre Paarprobleme so weit zurückzustellen, daß es ihnen möglich war, mit dem geschiedenen Ehepartner auch nach der Trennung zu kooperieren und die Betreuung und Versorgung der Kinder gemeinsam zu regeln. Bei diesen Einelternfamilien ist der außerhalb lebende Elternteil also mit in die Familienbeziehungen integriert. Die Beziehung zum Kind brach nach der Scheidung nie ab, zwischen dem Kind und seinem getrennt lebenden Elternteil bestehen vielmehr regelmäßige, zum Teil intensive Kontakte, und auch der Kontakt zwischen den geschiedenen Ehepartnern besteht in der Regel fort und trägt, wie der folgende Textausschnitt belegt, in Krisenzeiten wesentlich zur Stabilisierung der Familienbeziehungen bei.

> *Herr C:* »Der Kontakt zu meiner Frau ist nie abgerissen. Sie ist ja wesentlich jünger als ich, 13 Jahre jünger. Und irgendwie hab ich sie, nachdem wir geschieden waren, wie 'ne jüngere Schwester behandelt. Sie hat ja dann mal

den Partner gehabt und mal jenen Partner. Mit wem sie auch zusammen war und wenn sie Krach oder Knatsch hatte, also jederzeit, stand sie wieder vor der Tür. Und im März vergangenen Jahres – sie wohnte da in Harburg, hat inzwischen 'ne kleine Tochter – hab ich sie besucht, und da war sie etwas niedergeschlagen und hat mir gesagt, daß sie 'nen Räumungsbescheid hat und daß sie in zwei Tagen aus der Wohnung raus muß ... Na ja, ich hab das mit meinen beiden besprochen. Und dann haben die gesagt: Na gut, dann ziehn wir erstmal in ein Zimmer, und die Mutter kriegt das andere Zimmer, und dann soll sie sich was suchen.«

Bei diesen Einelternfamilien bleibt die Familie auch nach der Scheidung als Kooperations- und Solidaritätsbeziehung bestehen, zumeist sogar in derselben Umgebung, nur die Häufigkeit der Kontakte zwischen Kind und außerhalb lebendem Elternteil nimmt ab.

Reinhard D, dessen Zwillingsbruder Frank bei der außerhalb lebenden Mutter aufwuchs: »Vom Umfeld her war's für mich mit Sicherheit leichter als für meinen Bruder.[36] Und umgekehrt war's für mich schwerer, war der Verlust größer für mich, weil ich meine Mutter für 'ne Weile (sechs Monate) echt verloren hab ... Es gab 'nen Ausgleich durch die Freundin meines Vaters und durch meine Tante. Und bei meinem Bruder war's dann so, er war häufiger bei uns, so in Monatsabständen ... Und das wurde dann irgendwann mit Mutter und Bruder besser. Es gab regelmäßige Besuche und eine gemeinsame Konfirmationsfeier. Das war dann auch wieder mit allen Vieren zusammen.«

Typisch für diese Einelternfamilien ist, daß mit der Scheidung für sie wenig Kontakte im sozialen Umfeld und in der Familie verloren gehen.[37] Nach der Scheidung kann es sogar zu einer Intensivierung von Familienaktivitäten kommen, in die auch andere Familienmitglieder einbezogen werden.

Reinhard D: »Ich hab 'nen guten Kontakt zu meiner Mutter, zu meiner Oma, die dazugehört, das heißt mit meiner Mutter zusammen treffen wir uns dann zu viert bei Geburtstagen. Wir verreisen auch zusammen. Das gleiche gilt für meinen Bruder, wenn er jetzt bei uns ist, also bei meinem Vater und bei mir. Am Wochenende machen wir viel zusammen mit der Familie meiner Tante, und es kann auch sein, daß meine Mutter uns besucht mit meinem Bruder zusammen und daß wir dann gewisse Dinge zusammen besprechen, aber es ist nie so, daß die beiden (Mutter und Vater) sich alleine treffen. Die telefonieren miteinander, wenn es um gewisse Dinge geht, und tauschen auch Sachen über uns aus, aber eben sehr sachlich, sag ich mal.«

Die Familie ist für die Kinder in diesen Zwei-Kern-Familien immer präsent, das belegen auch die Antworten auf die Frage, wer zur Familie gehört.

Ute C: »Ich hab einen engen Kontakt eigentlich zu allen hier, meinem Vater, meiner Schwester, meiner Mutter, obwohl, in letzter Zeit ist das sehr nervig, ist einfach zu eng hier mit fünf Leuten ... Mein Freund, der gehört für mich auch dazu, und mein Opa, der ist schon 91, aber er ist irgendwie so'n Kontaktpunkt für alle, da treffen sich auch alle.«

Reinhard D: »Ich seh im Moment keinen großen Unterschied an Vertraulichkeit zwischen meinem Vater und meiner Mutter, wenn ich mich mit den beiden unterhalte. Es ist einfach kein Unterschied. Die beiden gehören dazu, mein Bruder gehört dazu, meine Oma sicherlich. Da weiß ich, der kann ich eigentlich ziemlich alles sagen, es wird nicht weitergegeben ... Aber ich hab ebenso Bekannte aus dem Freizeitbereich, dem Freundeskreis, wo ich auch bestimmt fast dieselben Sachen sagen würde, ohne mich irgendwie zu blamieren oder aufzufallen. Die Leute nehmen mich halt so, wie ich bin. Ich hab also Schwierigkeiten, da irgendwo 'ne Grenze zu ziehen. Ich würde Familie auch nicht so fest sehen. Und ich hab auch nicht das Gefühl, wenn ich selbst Familie hätte, daß ich sagen würde, da ist irgendwo Schluß, ich begrenze das. Da bin ich vielleicht nicht sehr konservativ eingestellt.«

Das Bemühen um eine familiale Reorganisation nach der Scheidung hat in diesen Familien die Kooperations- und Solidaritätsbeziehungen eher gestärkt – wohl weil Kooperation und Solidarität für sie immer eine große Rolle gespielt hatten.

Frau D: »Nach der Scheidung habe ich Reinhard zunächst wenig gesehen. Ich dachte damals, das würde ihm die Trennung erleichtern. Dann hab ich mit beiden Kindern zusammen Urlaub gemacht. Es gab gemeinsame Familienfeiern und eine gemeinsame Konfirmation ... Mit der Familie meines Mannes habe ich keine Probleme, und auch zwischen meinem Mann und mir hat es wegen der Kinder nie Probleme gegeben. Wir sehen uns oder telefonieren, wenn was bei den Kindern anliegt ... Sonst ist es so, wenn es einem schlecht geht oder einer krank ist, dann kümmern sich die anderen drei.«

Diese Solidarität wird nicht nur von den geschiedenen Eltern getragen; auch Tanten, Onkel und vor allem Großeltern beider Herkunftsfamilien fungieren als Stützsystem. Die gegenseitige Unterstützung spiegelt sich auch in der Bereitschaft wider, Familienmitglieder in Krisenzeiten aufzunehmen – wie im Fall von Frank, dem Zwillingsbruder von Reinhard D, der bei den Großeltern mütterlicherseits aufwuchs, oder wie bei der obdachlosen Frau C, die von ihrem geschiedenen Mann und den beiden Töchtern aufgenommen wurde.

Auch in kooperierenden Einelternfamilien brauchte es jedoch meist einige Zeit, bis sich die Situation »normalisierte«. Durch die Bemühungen beider Seiten erhielten dabei die Beziehungen zwischen Kindern und außerhalb lebendem Elternteil oft eine neue Dimension.

> *Reinhard D:* »Das hat dann auch dazu geführt, daß die späteren Treffen mit meiner Mutter, auch mit der Oma dann, daß man da über richtig vertrauliche Sachen geredet hat. Das war vorher nicht so. Das ist dann die Normalisierung letztendlich, wie man sich das so vorstellt, daß man unter Erwachsenen auch über sehr persönliche Sachen reden kann, eben im ganz normalen Stil darüber reden kann und daß nicht irgendwie der eine Vorbehalte hat gegenüber dem anderen aus der Vergangenheit her.«

Kinder mit Zugang zu beiden Eltern

Die Mehrheit der Kinder aus diesen Einelternfamilien profitierte von der kontinuierlichen Beziehung zu beiden Eltern, die trotz ihres Zorns und ihrer Enttäuschungen in der Lage waren, bei der Erziehung der Kinder zu kooperieren. Doch war diese Kooperation nicht von Anfang an vorhanden. In einigen Familien zog sich der außerhalb lebende Elternteil zunächst zurück, weil es ihm schwer fiel, am Leben seines Kindes nur noch im Rahmen einer Besucherrolle teilzunehmen, oder weil er wie Frau D der Meinung war, das würde dem Kind die Trennung erleichtern. Die Kinder aber, die keine Erklärung für das Fernbleiben des Vaters oder der Mutter hatten, stürzte dies in Verlassenheitsängste, die manchen in schmerzhafter Erinnerung geblieben sind.

»Ich war plötzlich ohne meinen Zwillingsbruder. Es gab eine Phase, wo ich sehr allein war. Meine Mutter hat mit mir nie über die Scheidung gesprochen, ist einfach ausgezogen. Ich war damals acht Jahre alt und fühlte mich alleingelassen.« *(Reinhard D, 27 Jahre)*

»Nach der Trennung meiner Eltern fühlte ich mich schrecklich einsam. Meine Mutter war ein totales Wrack. Sie sprach nur noch davon, was sie alles für meinen Vater geopfert hatte und wie sie von ihm ausgenutzt worden war ... Meinen Vater traf ich zwar regelmäßig, aber er wußte kaum etwas von mir. Er war so sehr mit seinem neuen Leben beschäftigt, daß ich ihn nicht mehr zu interessieren schien. Ich fühlte mich von ihm echt verlassen.« *(Katrin H., 25 Jahre)*

»Mein Vater/meine Mutter wußte nichts von mir ... Ich fühlte mich alleingelassen.« Diese Schilderungen von Kindern aus Scheidungsfamilien sind bezeichnend und machen deutlich, daß wichtige Ereignisse und Gefühle im Leben eines Kindes nicht durch gelegentliche Verabredungen vermittelt werden können. Gerade in kritischen Entwicklungsphasen braucht ein Kind die volle Aufmerksamkeit beider Eltern. Wenn ihre Bedürfnisse nicht wahrgenommen werden, fühlen sich auch solche Kinder alleingelassen, die den Kontakt zum nichtsorgeberechtigten Elternteil nach der Scheidung nicht verloren haben.

Für die meisten Kinder aus diesen kooperativen Einelternfamilien waren die Veränderungen nach der Scheidung nicht so einschneidend. Der außerhalb lebende Elternteil hatte sich oft eine Wohnung im gleichen Wohngebiet genommen und kam, solange die Kinder noch klein waren, vorbei, wenn er Zeit hatte, oder er holte die Kinder zu sich.

»Ich glaube, meine Mutter war weg, als ich ein Jahr alt war. Die Scheidung war aber erst nach vier Jahren. Ich weiß noch, daß meine Eltern sich einigermaßen gut verstanden. Meine Mutter wohnte in der Nähe. Sie ist häufig bei uns gewesen und hat uns zu sich geholt ... Mit meinem Bruder hab ich mich immer gut verstanden, wir hängen sehr aneinander.« *(Sabine N., 19 Jahre)*

Zwei Drittel der Kinder aus diesen Einelternfamilien wuchsen zusammen mit Geschwistern auf, wobei Familie D die einzige ist, bei der die Eltern ihre Kinder nach der Trennung unter sich aufteilten. Für die Anpassung an die neue Familiensituation scheint die Beziehung zu den Geschwistern für die befragten Kinder hilfreich gewesen zu sein. Einige berichteten von intensiveren Beziehungen nach der Scheidung, die meisten (67 Prozent) bezeichneten ihre Beziehung zu den Geschwistern als gut.

Ein weiterer Faktor, der manchen Kindern half, sich aus ihrer Verwicklung in die Scheidung der Eltern zu befreien und auf die neue Familiensituation einzustellen, war die Fürsorge eines Menschen, der oft außerhalb des engsten Familienkreises stand und bereit war zu helfen. Wie bei Reinhard D hat bei einigen Kindern die Großmutter diese Rolle übernommen. Andere Kinder fanden Trost bei einem Onkel oder einer Tante. In zwei Fällen standen ein Lehrer und ein Nachbar als engagierte Erwachsene dem Kind zur Seite und interessierten sich für seine Sorgen. Manche Kinder, denen Hilfe zuteil wird, lernen durch die Scheidungserfahrung, sich auch in Notlagen zurechtzufinden, und scheinen insgesamt gestärkt daraus hervorzugehen.

Als wir nach 12 Jahren mit den Kindern aus diesen kooperierenden Einelternfamilien sprachen, lebte gut die Hälfte von ihnen noch mit dem sorgeberechtigten Elternteil zusammen und war dabei, das letzte Schuljahr zu beenden oder eine Ausbildung abzuschließen. Die zweite Hälfte, die erwachsenen Kinder über 20 Jahre, waren berufstätig und lebten überwiegend in der eigenen Wohnung. Die berufliche Qualifikation der Kinder spiegelt das breite soziale Spektrum dieser Familien wider: Es reicht vom angelernten Arbeiter bis zum Hochschulabsolventen. Für die Kinder aus diesen Einelternfamilien ist die Familie ein elementarer Teil ihres Lebens, der auch ihre Freizeitgestaltung mitbestimmt. Die meisten Kinder, auch die, die heute nicht mehr zu Hause leben, verbringen viel Zeit in beiden Elternhaushalten. Etwa jedes dritte Kind kann aber den außerhalb lebenden Elternteil aufgrund der räumlichen Entfernung nur vierteljährlich besuchen. Die Mehrheit sieht beide Eltern ein- bis zweimal in der Woche und bezeichnete die Beziehung zu ihnen als eng und herzlich. In den Familienvorstellungen der Kinder kommt die enge Verbundenheit zur Familie zum Ausdruck. Alle zählten beide Eltern zu ihrer Familie und nannten neben Geschwistern auch Großeltern, Tanten, Onkel, Cousins und Cousinen und andere Verwandte, deren Nähe und Unterstützung ihnen half, die Scheidung ohne großen Schaden zu bewältigen. Im Gespräch mit den erwachsenen Kindern klang auch die Sorge um die Zukunft der Eltern an, die ohne Partner geblieben sind und heute allein leben. Manche, wie Reinhard D, berichteten uns, daß sie als Kinder eine Liebesbeziehung ihres Vaters oder ihrer Mutter nicht akzeptieren wollten und alles daran gesetzt haben, daß diese mißlang, was sie aus heutiger Sicht bedauern.

»Ich glaub, ich hab das von mir aus ganz schön untergraben. In der Phase, nachdem meine Oma gestorben war, ich war 13 oder 14, da war ein Jahr, wo mein Vater eine Freundin hatte und wo dann auch versucht wurde, gemeinsam in einer 4-Zimmer-Wohnung zu wohnen. Ich hab dann – bewußt oder unbewußt – wohl keinen Versuch unterlassen, die Situation irgendwie als unhaltbar hinzustellen, als die Freundin mit 'nem kleineren Kind bei uns eingezogen ist. Das hat sich nicht in irgendwelchen verbalen oder körperlichen Attacken geäußert, überhaupt nicht. Es hat sich einfach ergeben, wenn gewisse Sachen zu entscheiden waren, Vater bei der Arbeit war und sie war da, daß wir da zu dritt irgendwelche Streitereien hatten und ich mich grundsätzlich zu Unrecht behandelt glaubte ... Und das ist irgendwann daran gescheitert, daß ich wahrscheinlich bei meinem Vater den Eindruck erweckt hab: So geht das nicht. Die Beziehung ist dann irgendwann aufgelöst worden ... Im nachhinein würde ich sagen, war es von mir wahrscheinlich sehr unklug. Ich meine, hätte sich damals irgendwas ergeben, dann wäre mein Vater heute untergebracht. Das hätte ihm vielleicht ein Umfeld verschafft, das nicht so von Alleinsein geprägt ist wie jetzt. Wenn ich in Kürze ganz ausziehe, dann ist keiner mehr zu Hause. Das hab ich zu dem Zeitpunkt überhaupt nicht gesehen.« *(Reinhard D, 27 Jahre)*

Auch wenn Eltern kooperieren, hat jede Scheidung Folgen für die Entwicklung eines Kindes. Ebenso wie die Kinder aus den offenen Mehrelternfamilien lebten die Kinder aus diesen Einelternfamilien eine beträchtliche Zeit mit nur einem Elternteil, der berufstätig war und oft wenig Zeit für sie hatte. Ihnen fehlte zudem der Ausgleich und die freundschaftliche Unterstützung und Anregung durch einen engagierten Stiefelternteil, wie sie den Kindern aus den offenen Mehrelternfamilien zuteil wurden. Sie mußten daher sehr viel früher Verantwortung übernehmen.

> »Für Scheidungskinder ist das Aufwachsen schwieriger, weil sie sich nicht wie Kinder aus ehelichen Familien an beide Eltern wenden können. Sie müssen früher erwachsen werden.« *(Ellen S., 25 Jahre)*

Gerade pubertierende Scheidungskinder werden oft schneller erwachsen als andere Kinder ihres Alters. Von ihnen wird erwartet, daß sie selbständiger sind, Arbeiten im Haushalt erledigen und sich an Entscheidungen beteiligen. Auch wenn sie an diesen Aufgaben und ihrer frühen Selbständigkeit wachsen können, besteht oft die Gefahr, daß sie zu einem entscheidenden Zeitpunkt ihrer Entwicklung überfordert werden: sich als Jugendliche langsam von den Eltern zu lösen und sich mit ihnen auseinanderzusetzen, fällt ihnen oft schwerer als anderen Jugendlichen.

Die jungen Frauen und Männer aus den kooperierenden Einelternfamilien machten insgesamt einen reifen und gefestigten Eindruck und schienen die Scheidung der Eltern relativ gut bewältigt zu haben. Dennoch spielen auch in ihrem Leben Ängste vor Beziehungen und die Furcht, verlassen zu werden, eine große Rolle. Zwar steht in ihrem Lebensentwurf der Wunsch nach einer festen Partnerschaft und Kindern an erster Stelle, doch sind nur 22 Prozent bislang eine feste Beziehung eingegangen. Viele sind wie Reinhard D skeptisch, was eine Ehe anbetrifft, oder scheuen davor zurück, das Risiko einer festen Bindung einzugehen.

> »Also ich schließe (eine feste Partnerin) überhaupt nicht aus, ich könnt's mir gut vorstellen, und ich würde es mir auch zutrauen. Aber ich sehe auch durchaus die Schwierigkeiten, die auftreten können. Vielleicht auch aus den Erfahrungen, die man eben mit den Eltern hat … Und heiraten, das ist auch nicht das Ding. Das ist die Frage. Man müßte einfach versuchen, wenn man jemand findet, ob man das eben schafft, zusammenzuleben. Das seh ich einfach nicht so romantisch.« *(Reinhard D, 27 Jahre)*

Der Kontakt zum nichtsorgeberechtigten Elternteil

Obwohl die befragten nichtsorgeberechtigten Eltern nach der Scheidung teilweise an verschiedenen Orten arbeiteten und wohnten, haben sie es geschafft, auch über eine größere Entfernung hinweg eine enge und liebevolle Beziehung zu ihren Kindern aufrechtzuerhalten. Mit Ausnahme einer Mutter, die zunächst für zwei Jahre im Ausland lebte, haben alle nichtsorgeberechtigten Eltern von Beginn der Trennung an mit ihren geschiedenen Partnern in Fragen, die die Kinder betrafen, zusammengearbeitet. Die Mehrheit (60 Prozent) hat auch heute noch Kontakt und trifft sich oder ruft an, wenn es wegen der Kinder etwas zu besprechen gibt. Der Umgang miteinander wird von den meisten als freundlich und locker beschrieben.

Nach der Trennung hatte es zunächst bei 60 Prozent eine feste Besuchsvereinbarung gegeben, die aber nur in einem

Fall über mehrere Jahre aufrechterhalten wurde. Interessanterweise handelt es sich dabei um eine Familie, in der sich die geschiedenen Ehepartner nach einer mehrjährigen Trennungsphase wieder geheiratet haben und heute mit ihren zwei Kindern zusammenleben.

»Für mich war die Scheidung positiv. Wir hingen schon ganz früh zusammen. Meine Frau war 15, ich 17, wir waren schon im Trott, ein eingespieltes Team, als die Kinder kamen. Haben Probleme weggeschoben, gar nicht diskutiert. Nach der Trennungsphase haben wir die Beziehung richtig neu aufgebaut. Haben überhaupt erstmal angefangen zu reden, Probleme zu besprechen, und das war positiv. Das Ganze hing auch mit meinem Alter und mit meiner Berufssituation zusammen. Ich war noch gar nicht reif für die Kinder, die Kinder waren auch nicht geplant, aus beruflichen Gründen war ich kaum zu Hause … Durch die Trennung und den Abstand habe ich mich zunehmend dahin entwickelt, mit meiner geschiedenen Frau über die Probleme zu sprechen, die zur Trennung geführt hatten. Wir begannen, miteinander zu reden, und kamen dadurch wieder zusammen. Dann haben wir uns mehr Zeit füreinander genommen, auch meine neue Berufssituation machte das möglich, und unsere Gemeinsamkeiten waren dann die Kinder. Wir waren Elternvertreter und haben uns auch auf kommunaler Ebene engagiert … Das Besprechen von Problemen ist etwas, was immer wieder neu initiiert werden muß. Manchmal geraten wir in Phasen, wo wir uns weniger sagen, und passen dann auf, daß das Gespräch nicht abreißt, wir arbeiten daran immer von neuem.« *(ehemals nichtsorgeberechtigter Vater, 38 Jahre)*

Die Mehrheit der nichtsorgeberechtigten Eltern war der Meinung, daß sie für die erste Ehe und die Kinder noch zu jung und unreif gewesen seien, und betrachtete die Scheidung für sich als positiv. 60 Prozent leben heute in einer zweiten Ehe. Alle befragten Eltern – vier von insgesamt fünf sind Mütter – arbeiten ganztags und bezeichneten ihr berufliches Engagement als wesentlichen Grund dafür, daß ihr Kind oder ihre Kinder nach der Trennung beim geschiedenen Vater aufwuchsen, der wie im Fall von Herrn C als Frührentner oder wie in einem anderen Fall als Freiberufler besser in der Lage war, sie zu versorgen.

Die intensiven Familienkontakte, die wir in diesen kooperierenden Einelternfamilien festgestellt haben, spiegeln sich auch in den Familienvorstellungen der befragten nichtsorgeberechtigten Eltern wider. Fast alle nannten neben ihren derzeitigen Lebens- und Ehepartnern und ihren Kindern aus erster sowie aus zweiter Ehe eine Reihe von Angehörigen aus der Herkunftsfamilie, die von Geschwistern, Eltern, Onkeln und Tanten bis hin zu Cousins, Cousinen oder Schwägern reichte, zu denen besonders enge Beziehungen bestanden. Für 60 Prozent gehört der geschiedene Partner zur Familie, und 40 Prozent zählen auch »gute Freunde« zu den Menschen, die für sie ihre Familie sind. In diesen kooperativen Einelternfamilien bedeutet Familie ein auf Verwandtschaft, Freunde und zum Teil auch Nachbarschaft ausgerichtetes System gegenseitiger Hilfe und Anteilnahme. Die Familienmitglieder verbindet eine enge gefühlsmäßige Beziehung. Sie unterstützen sich bei auftretenden Problemen, leisten sich gegenseitig Hilfe und verbringen den Hauptteil der Freizeit miteinander.

Die gegenseitige Akzeptanz geschiedener Eltern

Als wir vor 12 Jahren mit den sieben Müttern und fünf Vätern aus diesen Einelternfamilien sprachen, lag ihre Scheidung oft erst wenige Jahre zurück. 75 Prozent litten noch an den Folgen, fühlten sich einsam, waren reizbar und nervös. Jeder dritte Elternteil berichtete von Schwierigkeiten mit den Kindern, die zum Teil heftig auf die Trennung der Eltern reagiert hatten. Einige Kinder hatten in den Schulleistungen nachgelassen und mußten eine Klasse wiederholen, andere reagierten aggressiv oder gar gewalttätig, wieder andere waren depressiv und zogen sich von ihren Freunden zurück. In zwei Familien lebten behinderte Kinder, die besondere Aufmerksamkeit und Fürsorge benötigten und ihre Eltern stark beanspruchten.

Aber nicht nur die familiäre, auch die wirtschaftliche Situation vieler Eltern war angespannt. Zwar arbeiteten 58 Prozent und versorgten ihre Kinder mit Hilfe von Kindertagesheimen, Tagespflegestellen und Großeltern, es fiel ihnen jedoch schwer, die Doppelbelastung von Beruf und Familie allein zu bewältigen. Die übrigen Eltern betreuten Kinder im Vorschulalter und waren nicht erwerbstätig. Von einer Mutter abgesehen, die mit einer Ausbildungsförderung studierte, lebten damals 33 Prozent der Eltern aus diesen kooperativen Einelternfamilien mit ihren Kindern von Sozialhilfe und mußten sich materiell sehr einschränken. Daß es ausgerechnet diesen Eltern, deren soziale und materielle Situation mit am schwierigsten war, gelungen ist, nach der Scheidung zu kooperieren, überrascht nur auf den ersten Blick. Gerade weil sie so viele Schwierigkeiten hatten, Kinderversorgung und Berufstätigkeit zu organisieren, mußten sie mit dem geschiedenen Partner zusammenarbeiten, um so für alle die Situation zu verbessern. Denn die Kooperation mit dem geschiedenen Partner war nicht nur für die Kinder wichtig, sie schuf Freiräume und brachte den Eltern auch materielle Entlastung.

> »Mein Ex-Mann wohnt 'ne Viertelstunde entfernt. Der Kontakt hat etwas nachgelassen in den letzten Jahren. Aber er macht noch alle handwerklichen Tätigkeiten hier in der Wohnung, und ich geh' dafür mal Kinderhüten für ihn und seine Frau.« *(Mutter, 42 Jahre)*

Als wir nach 12 Jahren wieder mit den Eltern aus diesen kooperativen Einelternfamilien sprachen, hatte sich die wirtschaftliche Situation der meisten Familien verbessert. Lediglich die Familie von Herrn C ist noch auf Sozialhilfe angewiesen, weil seine Erwerbsunfähigkeitsrente nicht ausreicht, um den Lebensunterhalt für ihn und seine zwei Töchter zu decken. Heute sind 75 Prozent der Eltern erwerbstätig, eine Mutter lebt zur Zeit von Arbeitslosenhilfe, hat jedoch eine befristete Arbeit im Rahmen einer Arbeitsbeschaffungsmaßnahme in Aussicht, ein weiterer Vater bezieht ein Altersruhegeld als Beamter.

Auch in der Zusammensetzung der Familien und der Häufigkeit der Kontakte zwischen den geschiedenen Eltern konnten wir Veränderungen feststellen. Zwar zählt die Mehrheit (66 Prozent) der Eltern den geschiedenen Partner bzw. die Partnerin zu ihrer Familie, doch sehen sich heute nur noch die Hälfte der geschiedenen Eltern gelegentlich, wenn es etwas wegen der Kinder zu besprechen gibt. Die übrigen Eltern sehen sich selten. Wie bei den offenen Mehrelternfamilien läuft auch in diesen Familien der Kontakt heute fast ausschließlich über die Kinder. Bei einigen hat sich die Zusammensetzung der Familie verändert. Zwei geschiedene Ehepaare haben sich nach mehrjähriger Trennung, die unterschiedliche Wohnorte einschloß, wieder geheiratet und leben heute mit ihren Kindern zusammen. Ein Vater ist vor zwei Jahren, als seine Kinder bereits aus dem Haus waren, eine zweite Ehe eingegangen. In zwei weiteren Familien wurde einvernehmlich das Sorgerecht geändert. Das heißt, das Sorgerecht für zwei Kinder wurde auf den früher nichtsorgeberechtigten Vater übertragen. In einem Fall hatten die Eltern vor der Scheidung vereinbart, daß der Sohn mit 12 Jahren zum Vater solle, im anderen Fall fühlte sich der Sohn nach dem Umzug seiner Mutter in eine Kleinstadt dort nicht wohl, zumal er jeden Tag mehrere Stunden mit dem Schulbus unterwegs war.

»Mein Sohn war zuerst mit in L. Er ging in G. aufs Gymnasium und war jeden Tag drei Stunden wegen der Schule unterwegs. Das war problematisch. Das Kind fühlte sich dort eigentlich nicht wohl. Wir haben dann nach einer anderen Lösung gesucht, und da sagte sein Vater, der in K. wohnt, er möchte den Jungen die letzten Jahre bis zum Abitur gern bei sich haben, zumindest bis er volljährig ist. Und da hab ich dem zugestimmt.« *(Mutter, 43 Jahre)*

Die meisten der von uns befragten Eltern sind der Ansicht, daß ihre Kinder die Scheidung recht gut überstanden haben. Sie schätzen ihre eigene Beziehung zu den Kindern überwiegend als eng und herzlich ein und berichteten wenig von problematischen oder konflikthaften Entwicklungen in ihrer Beziehung zum Kind. Allerdings sprachen fünf Eltern (42 Prozent) von Verhaltensstörungen eines ihrer Kinder, die sie auf die Umstände der Scheidung zurückführten, vor allem darauf, daß sie durch ihre Berufstätigkeit zu wenig Zeit hatten, um sich ausreichend um ihre Kinder zu kümmern. Vier dieser Eltern (33 Prozent) hatten bereits in der ersten Erhebung vor 12 Jahren von Schwierigkeiten mit ihren Kindern berichtet, die von Schulproblemen bis hin zu delinquentem Verhalten reichen. In der fünften Familie bereitete die 18jährige Tochter der Mutter Sorgen, weil sie ihre Berufsausbildung nicht beenden will, sich wenig zu Haus aufhält und statt dessen viel mit einer Freundesclique unterwegs ist.

Bei der Frage, ob die gemeinsame elterliche Sorge nach der Scheidung für die Befragten und ihre Kinder damals die bessere Lösung gewesen wäre, fielen die Urteile der Eltern aus diesen kooperativen Einelternfamilien ähnlich aus wie die der Eltern aus den offenen Mehrelternfamilien. Hierbei spielte keine Rolle, ob es sich um sorgeberechtigte oder nichtsorgeberechtigte Eltern handelte. Die große Mehrheit sprach sich eindeutig dagegen aus, und meinte, die elterliche Sorge solle der Elternteil erhalten, bei dem das Kind lebt. Zwei Eltern hielten sie dagegen für eine gute Lösung, die allerdings nur mit Einschränkungen durchführbar sei.

»Ich halte die gemeinsame Sorge für wunderbar, wenn beide Eltern Absprachen treffen und einhalten können, ohne daß es Streit gibt. Wir konnten das damals nicht.« *(nichtsorgeberechtigte Mutter, 39 Jahre)*

»Positiv ist, daß man bei allem, was mit dem Kind ist, nicht allein dasteht ... Läßt sich aber nur machen, wenn beide Elternteile im gleichen Ort wohnen.« *(nichtsorgeberechtigte Mutter, 45 Jahre)*

»Das hört sich gut an, denke ich mal, aber ob das immer praktikabel ist? Wenn es geht, ist es sehr schön, denn ich glaube schon, daß das Kind Vater und Mutter braucht. Aber ich glaube nicht, daß das so eben mal möglich ist, weil ja Trennungen oft mit Haß und Verbitterung einhergehen, daß einer der Partner nachtragend ist.« *(sorgeberechtigte Mutter, 43 Jahre)*

Diese Argumentation erscheint interessant, weil sie gerade von Eltern zu hören ist, die mit ihrem kooperativen Verhalten nach der Scheidung belegt haben, daß gemeinsame Entscheidungen in Fragen, die das Kind betreffen, durchaus möglich sind. Vielleicht ist dieses Paradox nur vor dem Hintergrund jahrzehntelanger alternativer Sorgerechtsentscheidungen der Gerichte zu verstehen, die bei einer Ehescheidung einem Elternteil das alleinige Sorgerecht zusprechen und als Folge den anderen Elternteil in seinen Elternrechten und damit auch in seiner Verantwortung für das Kind einschränken. Diese Praxis, die in der öffentlichen Meinung ihren Niederschlag gefunden hat, erklärt vielleicht auch den zum Teil noch sehr zurückhaltenden Gebrauch des relativ jungen Rechts der gemeinsamen elterlichen Sorge nach der Scheidung[38]. Die Frage, inwieweit professionelle Scheidungsberatung, wie sie das neue Kinder- und Jugendhilfegesetz vom 1. Januar 1991 vorsieht, hier Hilfen anbieten kann, um Eltern nach der Scheidung in der gemeinsamen Sorge um ihr Kind zu unterstützen, soll im abschließenden Kapitel 6 diskutiert werden. Als bedeutsam für diese kooperativen Einelternfamilien erscheint mir, daß sie im Vergleich zu den offenen Mehrelternfamilien eine andere, weniger privilegierte Ausgangssituation hatten. Während die offenen Mehrelternfamilien sozioökonomisch fast ausschließlich zur Mittelschicht zählen, ist unter den kooperativen Einelternfamilien die soziale Grundschicht mit 75 Prozent am stärksten vertreten. Das heißt, diese Familien waren in den vergangenen zwölf Jahren von Problemen wie Arbeitslosigkeit, Wohnungsnot oder Mangel an Ausbildungsplätzen für ihre Kinder sehr viel stärker betroffen als die offenen Mehrelternfamilien. In beiden »offenen« Familienformen beruht die Kooperation geschiedener Eltern zuallererst auf der Überzeugung, daß das Kind für seine Entwicklung beide Eltern braucht. Im unmittelbaren Umgang miteinander und im Einspringen in Notsituationen kommt jedoch bei diesen kooperativen Einelternfamilien ein starkes Gefühl für familiäre Solidarität zum Ausdruck, das offensichtlich auch eine Scheidung nicht zu zerstören vermag. Eltern, die übereinstimmend sagen, sie könnten nicht zusammenleben, die aber dennoch freundlich und kooperativ bleiben, die den Haushalt des anderen Partners respektieren und ihre Verantwortung als Eltern gemeinsam ausüben, können ihren Kindern wertvolle Einsichten über Beziehungen mit auf den Lebensweg geben.

5. Kapitel

Einelternfamilien, die ausgrenzen

Die vierte und häufigste Familienform nach der Scheidung ist die Einelternfamilie, die den nichtsorgeberechtigten Elternteil aus der Familie ausgegrenzt hat. In diesen Familien sind die Beziehungen zu dem außerhalb lebenden Elternteil ganz abgebrochen. Da kein neuer Partner hinzugekommen ist, besteht der Familienkern aus dem sorgeberechtigten Elternteil und einem oder mehreren Kindern. Etwa die Hälfte der Kinder aus unserer Studie wuchs nach der Scheidung in einer solchen Einelternfamilie auf, in der ein kontinuierlicher Kontakt zum nichtsorgeberechtigten Elternteil nicht mehr vorhanden war.

> ***Frau F:*** »Nein, gar kein Kontakt, lehne ich auch ab. Also, das möchte ich auch gar nicht. Der ist inzwischen, glaub ich, jetzt das dritte Mal verheiratet. Ich hör das nur mal so am Rande von unserer Tochter. Er wohnt auch nicht mehr in Hamburg. Er wohnt jetzt irgendwo auf dem Lande Richtung Bremervörde. Da hat er wohl auch 'ne Frau geheiratet ... Und dadurch, daß er nicht in Hamburg wohnt, ist der Kontakt zu unserer Tochter ein Telefonkontakt.«

Der Kontakt zum außerhalb lebenden Elternteil brach bei diesen Familien aus verschiedenen Gründen ab. Vor allem aber, weil die Konflikte nach der Scheidung anhielten und die Eltern, bei denen die Kinder lebten, durch ihr Verletztsein, ihre Demütigung und ihren Zorn so in Anspruch genommen waren, daß sie den Bedürfnissen ihrer Kinder nicht gerecht werden konnten. Viele setzten nach der Scheidung alles daran, den anderen Elternteil sowohl physisch als auch psychisch aus ihrem und dem Leben ihrer Kinder auszuschließen, und erreichten dies, indem sie Besuchsregelungen erschwerten oder die Besuche ganz untersagten.

> *Frau F:* »Dann hab ich beim Familiengericht das alleinige Sorgerecht beantragt und hab das eben auch zu Protokoll gegeben, daß er jedesmal, wenn er Monika trifft, immer irgendwelche anderen Frauen dabei hat und daß ich das nicht gut finde für ein Kind ... Da war der Richter auch hier, und ein paarmal hat der Heinz auch eine Aufforderung bekommen, daß er beim Familiengericht erscheinen sollte zwecks Klärung der Angelegenheit. Das hat er nicht wahrgenommen. Und dann hat man mir letztendlich das Sorgerecht zugesprochen, und da hab ich ihn auch nicht mehr davon in Kenntnis gesetzt, wenn wir weggefahren sind. Dann war'n wir eben weg.«

Wie Frau F reagieren viele Eltern mit der Abwertung des Partners, der sie betrogen und verlassen hat. Die überwiegende Mehrheit der Kinder aus diesen Einelternfamilien hat den Kontakt zum nichtsorgeberechtigten Elternteil noch im ersten Jahr nach der Scheidung verloren. Bei der Hälfte der Familien ist der außerhalb lebende Elternteil einfach weggeblieben, ein Verhalten, zu dem der sorgeberechtigte Elternteil oft durch vielerlei Besuchserschwernisse und Feindseligkeiten beigetragen hat. In 15 Prozent der Fälle haben die Gerichte den Kontakt unterbunden, weil Kindesmißbrauch und versuchte Kindesentführung vorlagen. Elf Prozent der nichtsorgeberechtigten Eltern sind in der Zwischenzeit verstorben. Die übrigen nichtsorgeberechtigten Eltern haben sich gelegentlich telefonisch gemeldet, einen Kartengruß oder auch einmal ein Geburtstagsgeschenk geschickt, zu einem persönlichen Kontakt zwischen Elternteil und Kind ist es in der Regel aber nicht gekommen.

Für die Kinder ist die Situation schwierig. Einerseits möchten sie den Kontakt zum Vater oder zur Mutter nicht verlieren, andererseits wollen sie den Elternteil, bei dem sie leben, aus Rücksicht und Loyalität nicht mit ihren Wünschen konfrontieren oder eigenständig Kontakt zu dem außerhalb lebenden Elternteil aufnehmen.

> *Frau F:* »Monika war ja früher ein sehr vaterbezogenes Kind, also ihr Vater ging ihr über alles, und sie hat eigentlich, sag ich mal bewußt, vielleicht von mir weniger gehalten. Das hat sich aber irgendwie nachher total gewandelt ... Und heute denke ich, sie sieht es nur als ihre Pflicht an, zu ihrem Vater irgendwo Kontakt zu halten, mal zu telefonieren ... Aber es ist nicht so, daß sie dann anruft und sagt: Hallo Papa, und wann sehn wir uns mal? Ich hab das auch schon mal mitgekriegt, daß er bei ihr anruft und ihr Freund geht ans Telefon und sagt dann zu ihm: Ne, Heinz, tut mir leid. Du weißt doch, Monika ist wieder im Seminar' und so. Obwohl sie da ist ... Also irgendwo hat diese Beziehung einen Knacks gekriegt.«

Da es in diesen Familien aufgrund der Ausschließlichkeit der Beziehungen keine Möglichkeit gibt, Interessen auszuhandeln und Freiräume für das Kind zu schaffen, werden Spannungen nicht durch Diskussionen gelöst, sondern vielfach unterdrückt. Eine Lösung dieses Dilemmas stellt der frühzeitige Auszug aus der elterlichen Wohnung dar.

Aus den nachfolgenden Angaben der Kinder wird deutlich, daß bei diesen Einelternfamilien nicht nur die Ehe der Eltern, sondern in vielen Fällen auch die Familienverhältnisse zerrüttet waren. Hierin liegt, wie ich meine, eine Ursache dafür, daß die Scheidung und die Zeit danach bei diesen Familien mit soviel gewalttätigen Auseinandersetzungen und Feindseligkeiten belastet waren.

Kinder, die einen Elternteil verloren haben

> »Martina ist magersüchtig. Sie hat ihre Ausbildung als Zahntechnikerin abgebrochen und macht jetzt Aushilfsarbeiten. Sie überlegt, zu Hause auszuziehen, hat es ihrem Vater aber noch nicht gesagt. Das Verhältnis zu ihrem Vater beschreibt sie als ›angespannt, nicht offen und voller Konflikte‹. Auch ihre Magersucht hängt damit zusammen ... Der Kontakt zu ihrer Mutter ist schon vor mehr als 10 Jahren ganz abgebrochen. Es schien aber noch sehr weh zu tun, so daß Martina nicht darüber sprechen wollte.« *(schriftliche Anmerkung der Interviewerin)*

Fast alle befragten »Kinder« aus diesen Einelternfamilien erlebten die Scheidung ihrer Eltern als schmerzlich und belastend und erklärten sie auch 12 Jahre später als eine Erfahrung, die ihre Kindheit und Jugend stark beeinflußt hat und mit deren Spätfolgen einige heute noch zu kämpfen haben. Die meisten (76 Prozent) besuchten damals schon die Schule und hatten noch konkrete Erinnerungen an Situationen, die mit der Scheidung der Eltern in Verbindung standen.

> »War der reinste Horrortrip. Mutter ist in Abwesenheit des Vaters geschieden worden. Wir litten große finanzielle Not. Ich habe mein Abitur abbrechen müssen, weil ich kein Schülerbafög bekommen habe. Vater lebte zwar auf der Straße, aber als Grundlage für das Schülerbafög diente die letzte Gehaltsabrechnung des Vaters.« *(Jens B., 26 Jahre)*

»Es war eine gute Ehe, bis meine Mutter zu trinken angefangen hat. Mein Vater war oft nicht da, damit fing es bei ihr an ... Der Richter fragte mich, zu wem ich will, und ich sagte: ›Zu meinem Vater.‹ Warum? ›Weil ich ihn lieber mag.‹ Meine Mutter hat Wohnung und Kinder verwahrlosen lassen. Nach dem zweiten Kind ist sie abgehauen, hat ihr Kind von neun Monaten zurückgelassen. Ich mußte es betreuen. Mein Vater wurde auch Alkoholiker und ließ sich scheiden.« *(Katja R., 25 Jahre)*

»Vater war Alkoholiker. Meistens am Wochenende ging abends das Telefon, und wir wußten dann schon alle Bescheid. Mutter mußte den Vater abholen. Vater hatte inzwischen den halben Imbiß leergekauft und brachte haufenweise Pommes, Hähnchen usw. nach Hause. Wir Kinder und die Mutter setzten uns dann mit dem Vater an den Tisch zum Essen, obwohl wir bereits gegessen hatten. Wir wollten uns nur ruhig verhalten, dem Vater keinen Grund geben, sich aufzuregen. Irgendwann regte er sich immer auf, oft mitten in der Nacht. Einmal bedrohte mein Vater die Mutter mit dem Messer. Ich schlug ihm die gußeiserne Bratpfanne, die ich kaum heben konnte, auf den Kopf. Er war für kurze Zeit bewußtlos. Ich nahm ihm alles Geld ab und gab es der Mutter in kleineren Mengen, weil sie nicht so gut damit umgehen konnte. Wir Kinder haben Zeitungen ausgetragen, weil unser Vater alles versoff. Wir mußten oft hungrig ins Bett gehen oder bei der Oma essen.« *(Jochen L., 23 Jahre)*

»Meine Mutter/mein Vater war Alkoholiker«, dies ist die Erfahrung von 18 Prozent der Kinder aus diesen Einelternfamilien, die ihre Kindheit und Jugend nachhaltig geprägt hat. 12 Prozent konnten aus wirtschaftlicher Not, weil sie jüngere Geschwister zu versorgen hatten oder weil sie nach der Scheidung in ein Heim eingewiesen wurden, die Schule nicht beenden, manche mußten eine bereits begonnene Ausbildung abbrechen. Acht Prozent der Kinder wuchsen vorübergehend bei Großeltern oder anderen Verwandten auf, was für fünf von ihnen bedeutete, daß sie nicht nur in eine andere Wohnung, sondern auch in einen anderen Wohnort umziehen mußten.

> »Als ich ca. 10 Jahre alt war, brachte meine Mutter mich und meinen Bruder zu meiner Oma nach Köln. Dort blieben wir bis zu meinem 14. Lebensjahr. In den ersten beiden Jahren war es okay, bei der Oma zu leben, da wir nun mittags unser Mittagessen bekamen, was bei der Mutter nur selten der Fall war. Später hab ich nicht gern bei den Großeltern gewohnt. Der Großvater, es ist der Stiefgroßvater, war eifersüchtig auf uns Kinder, und meine Großmutter war zu alt für diese Aufgabe. Ich hatte das Gefühl, unerwünscht zu sein, und dieses Gefühl bestätigten die Großeltern auch verbal. Die Mutter sagte, sie wollte mich vor dem Vater schützen, aber sie hat mich all die Jahre zuvor nicht vor ihm geschützt.« *(Christa H., 27 Jahre)*

In zwei Familien wurde die Ehe der Eltern geschieden, weil die Väter ihre Töchter mißbraucht hatten. Ein Mädchen hatte ihren Vater mit 14 Jahren angezeigt, worauf ihre Mutter ihr die Schuld an der Scheidung gab und den Kontakt zur Tochter abbrach. Etwa die Hälfte der Kinder aus diesen Einelternfamilien hat gewaltsame Auseinandersetzungen zwischen den Eltern erlebt, die oft nicht vor den Kindern haltmachten. Viele fühlen sich um die elterliche Fürsorge und den Schutz der Familie betrogen. Sie mußten früh Verantwortung für jüngere Geschwister übernehmen und in einigen Fällen auch noch für einen verstörten oder kranken Elternteil sorgen.

Dabei werden Söhne und Töchter oft in ganz unterschiedliche Rollen hineingedrängt. Einige Mütter meinen, Charakterzüge ihrer geschiedenen Ehemänner in den Söhnen wiederzuerkennen, und reagieren unbewußt negativ auf sie. Ihre Söhne beklagten sich darüber, daß die Mutter ständig an ihnen herumnörgele und mit ihnen unzufrieden sei.

> »Mein Bruder hat von uns allen den meisten Druck abgekriegt, er war das letzte Glied in der Kette (von fünf Geschwistern). Meine Mutter hat starke Auseinandersetzungen mit ihm gehabt, wahrscheinlich, weil er eine Fortsetzung meines Vaters war, er ist ihm ähnlich äußerlich und auch im Verhalten. Sie wollte ihn ständig in bestimmte Bahnen lenken, und er hat sich gewehrt.« *(Rita J., 28 Jahre)*

Andere Söhne fanden dagegen, daß die Mutter sie überfordert, weil sie sie zum Vaterersatz macht und entsprechende Erwartungen an sie richtet.

> »Mutter hat die Verantwortung an mich übergeben. Hat mir suggeriert, daß ich jetzt der Mann im Hause sein müsse und der Vaterersatz für die kleineren Geschwister. Ich hätte mehr Zeit für meine eigene Entwicklung gebraucht.« *(Benno M., 25 Jahre)*

Auf der anderen Seite wird die Beziehung zwischen geschiedenen Müttern und ihren Töchtern häufig intensiver. Mädchen und Mütter neigen dazu, nach der Scheidung eine enge Verbindung einzugehen, der oft ein negatives Männerbild zugrunde liegt. Das trifft besonders auf Einelternfamilien zu, in denen die geschiedenen Mütter nicht wieder geheiratet haben und auch keine feste Beziehung eingegangen sind.

»Meine Mutter ist die beste Freundin, wir können gut reden ... Aber wenn ich sie sehe, habe ich Angst. Ich möchte nicht so allein sein wie sie, wenn ich älter werde. Meine Mutter lebt ständig im selben Trott. Immer früh aufstehen, zur Arbeit gehen, Einkäufe, Haushalt, und abends hockt sie allein da. So möchte ich nicht enden.« *(Verena S., 19 Jahre)*

Eltern sind für alle Kinder die primären Identifikationsfiguren. Kinder aus geschiedenen Ehen bilden da keine Ausnahme, nur daß sie sich Erwachsenen gegenübersehen, die sich in einer schweren Lebenskrise befinden. Töchter wie Verena S. haben einerseits Angst davor, sich mit der verlassenen Mutter zu identifizieren, andererseits wollen sie aus Liebe und Bewunderung so sein wie sie. Als junge Erwachsene befürchten sie, in ihren eigenen Beziehungen im Stich gelassen und betrogen zu werden. Junge Frauen aus diesen Einelternfamilien versuchten auf vielfältige Weise, dem Schicksal ihrer Mütter zu entgehen. Jede fünfte flüchtete sich in eine frühe Ehe, um nicht allein zu sein. Einige begehrten gegen gesellschaftliche Regeln auf, experimentierten mit Drogen, exzessiver sexueller Freizügigkeit und anderen destruktiven Verhaltensweisen. Anderen half eine Therapie, ihre Eltern und ihre eigene Lebenssituation realistischer einzuschätzen, ihre Vorbehalte Männern gegenüber abzubauen und eine feste Beziehung mit einem Mann einzugehen.

Weil sie mit den Gefühlen von Zurückweisung, Verlust und Einsamkeit nicht fertig wurden, die die familiäre Zerrüttung bei ihnen hervorrief, setzten sich 25 Prozent der Jungen völlig von der Familie ab. Einige zogen frühzeitig aus der elterlichen Wohnung aus und brachen den Kontakt zur Familie ganz ab. Für andere wurde Gewalt zum Ventil, sie schlossen sich Straßengangs an oder fanden ein Zuhause bei Sekten oder rechtsradikalen Gruppen. Dieses destruktive Verhalten sowohl von jungen Männern als auch von jungen Frauen steht nicht im Zusammenhang damit, ob sie bei dem sorgeberechtigten Vater oder bei der sorgeberechtigten Mutter aufwuchsen. Es hat dagegen viel mit dem Zerfall der Familienbeziehungen und dem Verlust eines Elternteils zu tun.

»Meine Mutter hat meinen Vater als schlechten Vater dargestellt, und das hat bei meiner Schwester und mir auch gefruchtet. Meine Mutter hat uns unter Druck gesetzt. Wenn wir ihn hätten sehen wollen, hätten wir uns zwischen ihr und ihm entscheiden müssen. Ich habe nicht gewagt, den Wunsch zu äußern. Ich habe meinen Vater nicht nur böse in Erinnerung. Meine Mutter ist sehr sachlich. Wir sollten nicht hungern oder frieren und was Anständiges lernen. Aber meinen Vater habe ich wärmer in Erinnerung. Unser Vater hat uns abends manchmal ins Bett gebracht, und er hat uns richtig zugedeckt, fest eingewickelt und uns Geschichten vorgelesen. Als ich in S. war, habe ich nach der Anschrift meines Vaters gesucht und ihn dann oft auf der Straße gesehen, aber er weiß nicht, daß ich sein Sohn bin, ich hab ihn nie angesprochen. Mein Vater hat auch von sich aus nie Versuche gemacht, Kontakt aufzunehmen, obwohl ich in S. mehrere Jahre alleine gelebt habe. Meine ältere Schwester ist wohl als einzige von uns damit durch. Aber für mich ist das Thema noch völlig unbewältigt.« *(Markus H., 24 Jahre)*

Wenn Jungen und Mädchen nur mit einem Elternteil aufwachsen und der Kontakt zum anderen Elternteil ganz abgebrochen ist, verbringen sie oft einen Großteil ihres Erwachsenenlebens auf der Suche nach einem Vater oder einer

Mutter. Einige heirateten jung und fanden einen Ersatz in einer liebevollen Schwiegerelternbeziehung, andere hatten in der Pubertät eine enge Bindung an einen älteren Bruder oder an eine ältere Schwester. Bei einigen übernahmen Großeltern oder befreundete Personen diese Funktion. Etwa jedes fünfte Kind aus diesen Einelternfamilien hat, als es erwachsen war, von sich aus den Kontakt zum nichtsorgeberechtigten Elternteil wieder hergestellt. Bei manchen geschah dies, als sie selbst eine Familie gründen wollten und ihnen die fehlende Beziehung zur eigenen Mutter schmerzlich bewußt wurde.

> »Meine Mutter hat mir nach der Scheidung sehr gefehlt. Mein Vater wurde immer böse, wenn ich zu meiner Mutter wollte. Sie ist in den Harz gezogen. Durch die große Entfernung waren Besuche gar nicht möglich ... Seit mein Kind auf der Welt ist, sehen wir uns häufig und telefonieren sehr oft.« *(Karin W., 20 Jahre)*

Die Kinder stellte der Verlust eines Elternteils somit vor besondere Probleme, die sich in psychischen Verletzungen, geringem Selbstwertgefühl und Schwierigkeiten mit der eigenen Identität niederschlagen. Im Vergleich mit den Kindern aus den kooperativen Einelternfamilien sind sie häufiger depressiv und mit ihrem Leben unzufrieden. Wenn Eltern sich nicht mehr verantwortlich verhalten, löst dies bei Kindern das Gefühl aus, »schuld daran zu sein«, »es nicht wert zu sein«, daß Vater oder Mutter sich kümmern. Während unseres Interviews erkannten einige, daß die Situation ihrer Eltern in Verbindung steht mit ihrer eigenen Beziehungsproblematik. Die Angst, betrogen und verlassen zu werden, hindert sie daran, enge Bindungen einzugehen. Manche hatten wechselnde Beziehungen oder gingen spontan eine Ehe ein, die bald wieder geschieden wurde.

Da sie Schwierigkeiten haben, Vertrautheit zu einem anderen Menschen aufzubauen, fühlen sich viele erwachsene Scheidungskinder aus diesen Einelternfamilien isoliert und einsam. Ihnen fehlt das große familiale Netz, das sie in Krisenzeiten aufzufangen vermag. Denn als der Kontakt zu dem nichtsorgeberechtigten Elternteil abriß, ging für die meisten auch die Verbindung zu den Großeltern und anderen Verwandten dieser Seite verloren.

Isolation und Einsamkeit kommen auch in den Familienvorstellungen zum Ausdruck. Von den 66 befragten »Kindern« aus diesen Einelternfamilien – 28 jungen Männern und 38 jungen Frauen – nannten 35 Prozent nur den Elternteil und Geschwister[39]. Für weitere 30 Prozent, die verheiratet sind, zählen außer Elternteil und Geschwistern der oder die Partner/in und die eigenen Kinder zur Familie. 17 Prozent nannten beide Eltern und Geschwister sowie eigene Kinder und Partner/in. Sie gehörten zu denen, die den Kontakt zum außerhalb lebenden Elternteil von sich aus wieder aufgenommen hatten. Lediglich 15 Prozent zählten neben Elternteil und Geschwistern auch Großeltern, Onkel, Tanten und sonstige Verwandte aus der Herkunftsfamilie des Elternteils, bei dem sie aufgewachsen waren, zu ihrer Familie. Drei Prozent der Befragten erklärten, sie hätten keine Familie.

»Ich bin sehr früh von zu Hause ausgezogen. Hab ständig wechselnde Beziehungen gehabt und Angst davor, mich zu binden. So Angst: Dann ist die Klappe zu und alles aus.« *(Dieter O., 25 Jahre)*

»Ja, ich habe Schwierigkeiten im Umgang mit einem Partner. Da fehlt das Vorbild der Eltern … Ich bin mißtrauisch, habe Angst vor Untreue. Ist alles ein großes Risiko, unkalkulierbar.« *(Anke S., 23 Jahre)*

»Man hat andere Beziehungsprobleme, als wenn man mit einem Vater aufgewachsen ist. Ein männlicher Bezugspartner fehlte. Das hat in mir ausgelöst, daß ich an Beziehungen zu Frauen völlig egoistisch herangegangen bin, nur an mich gedacht habe. Und ich hab gesehen, daß das nicht klappt. Ein Mann hätte mir sicher sagen können, so und so macht man das.« *(Uwe R., 23 Jahre)*

Gefühle von Unsicherheit und Angst bestimmen bei vielen erwachsenen Scheidungskindern den Umgang mit einer Liebesbeziehung. Einige sind so darin geübt, ihre Gefühle zu verbergen, daß sie nicht wissen, wie sie sich in einer intimen Beziehung des Gebens und Nehmens verhalten sollen. Manche distanzieren sich emotional, weil sie gelernt haben, angespannte Zeiten auf diese Weise zu überleben, oder sie führen eine Situation herbei, in der sie von jemandem, den sie lieben, abgelehnt werden könnten, um so einer möglichen Zurückweisung zuvorzukommen. Einige berichteten von chaotischen Beziehungen, in denen sie aus Angst, verlassen zu werden, die Partnerbeziehung fortwährend aufs Spiel setzten. Es gibt aber auch junge Leute, die ihr eigenes Beziehungsmuster durchschaut und schließlich abgelegt haben.

Etwa jedes dritte Kind aus diesen Einelternfamilien schaffte es, die negativen Erfahrungen, die es im Zusammenhang mit der Scheidung der Eltern gemacht hatte, zu überwinden, und entwickelte sich zu einem verständnisvollen und lebenstüchtigen jungen Erwachsenen. Einige verfügten über große innere Ressourcen und entfalteten soviel persönliche Stärke, daß sie wie in zwei Fällen den erstaunlichen Weg von der Sonderschule bis zum Abitur auf dem zweiten Bildungsweg gehen konnten. Jedes vierte Kind aus diesen Familien hat das Abitur gemacht und jedes zehnte einen Hochschul- oder Fachhochschulabschluß. Der Anteil an Abiturienten und Hochschulabsolventen unter den befragten Kindern liegt fast dreimal so hoch wie der entsprechende Anteil bei den dazugehörigen sorgeberechtigten Eltern. Mancher Bildungsweg war nur möglich, weil couragierte alleinerziehende Eltern, aber auch Großeltern und Lehrer die Kinder ermutigt und unterstützt haben. Einige Kinder hatten dabei das hilfreiche Beispiel von Eltern vor Augen, die es geschafft hatten, ihr Leben nach der Scheidung erfolgreich wiederaufzubauen. Andere Kinder dagegen kamen mit ihrem Leben gut zurecht, weil sie sich bewußt vom Beispiel ihrer Eltern abgrenzten.

»Ich versuch meinen Kindern ein besserer Vater zu sein. Das schlechte Verhältnis zu meinem Vater wurde uns auch von meiner Mutter eingeredet. ›Papa war böse.‹ Mein Vaterbild hat sich etwas verändert, als ich ihn aufgesucht und persönlich mit ihm gesprochen habe. Ich meine jetzt zu wissen, was er falsch gemacht hat, und bemühe mich, seine Fehler nicht zu wiederholen.« *(Klaus W., 27 Jahre)*

Die ausgegrenzten Elternteile

»Am Telefon sagte mir Herr K.: ›Ich habe als Vater versagt, hundertprozentig. Ich fühle mich in bezug auf meine Kinder schuldig.‹ Er zeigte sich sehr gewillt, dieses Interview mit mir zu führen, und war so hilfsbereit und zuvorkommend, als habe er etwas gutzumachen. Seine geschiedene Frau aber hatte mir gesagt, der Mann würde gewiß nicht mit mir sprechen. Das Gegenteil war der

Fall. Er war es, der damals die Familie verließ und sich offensichtlich der Kinderschar nicht gewachsen fühlte.«
(schriftliche Anmerkung der Interviewerin)

Männer wie Herr K., die sich an der Scheidung der Ehe schuldig fühlen, haben oft große emotionale Schwierigkeiten, Besuche bei ihren Kindern zu vereinbaren und den Kontakt zu ihnen aufrechtzuerhalten. Das trifft auch auf Väter zu, die vor der Trennung eine enge Beziehung zu ihren Kindern hatten. Obwohl sie gern mit den Kindern zusammen sind und sich für sie einsetzen, wollen sie die schmerzlichen Gefühle verdrängen, die sie mit der gescheiterten Ehe und dem Verlassen ihrer Familie verbinden. Jeder Besuch aber kann die Gefühle von Schmerz, Zorn, Verlust und Schuld aufs neue wecken, und viele Männer entziehen sich diesen Empfindungen, indem sie die Kinder nur noch selten sehen. Da die wenigen und unregelmäßigen Besuche die Zerrissenheit der Beziehungen widerspiegeln und der Vater mit jedem Besuch mehr erkennt, daß er nicht zum Leben des Kindes gehört, verstärken sich bei ihm die Gefühle von Trauer und Schuld, und es entsteht ein Teufelskreis. Die Schuldgefühle gegenüber den Kindern werden schließlich so groß, daß sie jede weitere Besuchsinitiative lähmen und es in relativ kurzer Zeit – oft in weniger als einem Jahr – dazu kommt, daß der Vater ganz wegbleibt. Ein ähnliches Verhalten konnten wir auch bei einigen Frauen beobachten, die Ehepartner und Kinder verlassen hatten. Viele Männer können nur als Ehemann und Vater innerhalb der eng begrenzten Struktur einer intakten Ehe emotionale Sicherheit finden. Wenn ihnen der tägliche Kontakt und die Struktur der Familie fehlen, fühlen sie sich ihren Kindern sehr fern und sind offenbar nicht imstande, sich ihre Perspektive als Väter zu bewahren oder die Bedürfnisse ihrer Kinder im Auge zu behalten. Obwohl manche Frauen dieses Schicksal teilen, stellt sich diese Entwicklung eher bei Männern ein, vor allem bei solchen, die nie gelernt haben, ihre emotionalen Bedürfnisse verständlich und konsequent zu äußern, sondern sich statt dessen bemühen, dem klassischen Bild des unabhängigen starken Mannes zu entsprechen. Bei den Frauen, die im allgemeinen eine andere Sozialisation erfahren haben, findet sich dieses Rollenverhalten seltener.[40] Das oft geäußerte Vorurteil: »Eine Scheidung trifft den Mann härter«, wird durch unsere Ergebnisse bestätigt, zumindest was die nichtsorgeberechtigten Väter aus Einelternfamilien betrifft.

Über die Schwierigkeiten, die Eltern-Kind-Beziehung aus dem gewohnten Familienleben in das komplizierte Besuchsverhältnis hinüberzuretten, ist nur wenig bekannt. Wir konnten in unserer ersten Erhebung vor 12 Jahren feststellen, daß schon die Organisation der Besuche zeitlich aufreibend und nervlich belastend ist. Die Mehrheit der nichtsorgeberechtigten Eltern lebte damals noch allein, und die Vorbereitung für ein Wochenende mit Kindern stellte für manche eine schwer einschätzbare Aufgabe dar, fehlte doch alles, was die kindliche Lebenswelt ausmacht, wie eine vertraute Nachbarschaft, Spielzeug und Freunde. Väter hatten hier die meisten Schwierigkeiten: Ihre Wohnung erschien ihnen zu unpersönlich, um Kinder darin zu empfangen; kochen konnten sie nicht und sahen sich deshalb gezwungen, ins Restaurant zu gehen oder Unternehmungen außer Haus zu organisieren. Beides wurde vor allem mit kleineren Kindern häufig als Streß erlebt. Erschwerend kommt hinzu, daß eine »Elternschaft auf Besuch« nicht eindeutig definiert ist. Es fehlen gesellschaftliche Vorbilder bzw. Rollenmodelle, und das ruft Verunsicherungen und Spannungen hervor. Da sein Verantwortungsbereich und seine Autorität nicht klar abgesteckt sind, empfindet sich der nichtsorgeberechtigte Elternteil oft als überflüssig. Er hat das Gefühl, an Fragen und Problemen, die im alltäglichen Familienleben eine Rolle spielen, nicht mehr beteiligt zu sein. Aufgrund des feindseligen und unkooperativen Verhaltens des sorgeberechtigten Elternteils fühlt er sich aus dem Familienleben ausgegrenzt und in seiner Elternrolle abgewertet und bleibt schließlich auch deshalb fort, weil er sich nutzlos und unerwünscht vorkommt.

Neben großen Schuldgefühlen und dem Gefühl, nicht gebraucht zu werden, haben wir bei nichtsorgeberechtigten Eltern aus diesen Einelternfamilien auch ein provozierendes Verhalten festgestellt, das häufig einem jähen Kontaktabbruch in der Nachscheidungsphase vorausging. Einige Väter, die vorher wenig Zeit für ihre Kinder hatten, besuchten sie nach der Scheidung zunächst regelmäßig, überschütteten sie mit Geschenken, waren aufmerksam und spendierten großartige Wochenenden, um dann plötzlich ohne Vorankündigung aus ihrem Leben zu verschwinden. Einige Mütter wiederum überließen nach einem bewußt inszenierten Auftritt ihr Kleinkind bzw. ihre Kinder dem Vater und verließen nur mit ihrer Handtasche die eheliche Wohnung, um nie wieder zurückzukehren. Darunter sind Eltern, die die Scheidung in eine so tiefe Lebenskrise stürzte, daß sie ihre bürgerliche Existenz aufgaben und heute, soweit sich dies zurückverfolgen ließ, ein kümmerliches Dasein fristen, etwa in der psychiatrischen Abteilung eines Landeskrankenhauses, in einer Strafvollzugsanstalt oder in Obdachlosenunterkünften. Von sechs Eltern wissen wir, daß sie tot sind. Vier von ihnen haben sich das Leben genommen. In den übrigen Fällen hat es nie wieder ein Lebenszeichen, geschweige denn Unterhaltszahlungen für das Kind oder die Kinder gegeben.

Ob in diesem Verhalten der nichtsorgeberechtigten Eltern eine bewußte Provokation lag, die den früheren Lebenspartner verletzen sollte, oder ob dies Ausdruck einer tiefen Lebenskrise war, läßt sich anhand unseres Forschungsmaterials nicht abschließend beantworten. Nach den Schilderungen zu urteilen, hat wohl beides zusammengewirkt.

Unter den 53 Einelternfamilien, die den nichtsorgeberechtigten Elternteil ausgegrenzt haben, sind neun Familien, bei denen in unserer ersten Erhebung vor 12 Jahren noch beide Eltern im Interesse ihrer Kinder kooperiert hatten; bei dreien ist der Vater, bei den anderen die Mutter sorgeberechtigt. Hier kam es in sechs Fällen zu Ausgrenzungsprozessen, als der außerhalb lebende Elternteil wieder heiratete. Meist wurden die Kontakte durch den sorgeberechtigten Elternteil, in drei Fällen aber auch durch die neue Frau des nichtsorgeberechtigten Vaters erschwert, nahmen daraufhin mehr und mehr ab und brachen irgendwann ganz ab. Bei den übrigen drei Fällen konnten wir die Ursachen für den Kontaktabbruch nicht klären. Zwei Mütter sind offenbar in einen anderen Ort gezogen und haben sich danach nicht wieder gemeldet. Von einem Vater, der große Alkoholprobleme hatte, ist nicht bekannt, ob er noch am Leben ist.

Insgesamt konnten wir mit elf nichtsorgeberechtigten Eltern, acht Vätern und drei Müttern, aus diesen Einelternfamilien sprechen. Ihre Anschriften haben wir in sechs Fällen über die Post bzw. über das Einwohneramt erhalten. In fünf Fällen stellten die Kinder, die zuvor selbst nach ihren Eltern gesucht hatten, für uns den Kontakt her. 64 Prozent der befragten Eltern waren in zweiter Ehe verheiratet, 27 Prozent nach zweiter bzw. dritter Ehe erneut geschieden und ein Vater verwitwet. Die meisten zählten die Kinder aus erster Ehe mit zu ihrer Familie und bedauerten die Scheidung. Sie äußerten große Schuldgefühle gegenüber den Kindern, die nach ihrer Einschätzung nur schwer im Leben zurechtkommen.

»Meine Mutter spielte bei unserer Scheidung eine große Rolle. Sie war die, die im Haus alles bestimmte. Sie hat sich auf die Seite meines Mannes gestellt und wollte ihre Enkel ganz für sich haben. Beide bildeten eine Front und ließen mich nach der Trennung nicht mehr an die Kinder ran. Ich konnte damals dem Druck durch Mutter und Ex-Mann nichts entgegensetzen. Habe schließlich auf das Sorgerecht verzichtet. Heute würde ich das auf keinen Fall mehr tun.« *(nichtsorgeberechtigte Mutter, 39 Jahre)*
»Die Scheidung war rückwirkend gesehen negativ, vor allem der Kampf um die Kinder und die Schuldgefühle wegen des unzureichenden Familienlebens für die Kinder ... Gemeinsame Sorge wäre nicht gegangen. Da war viel zu viel Haß und Streit, wir konnten gar nicht mehr miteinander reden.« *(nichtsorgeberechtigter Vater, 49 Jahre)*

36 Prozent der befragten Eltern meinten, daß eine gemeinsame elterliche Sorge vielleicht ihren Kindern geholfen hätte, die Scheidung zu bewältigen. Sie gehörten zu den Eltern, die durch die Initiative ihrer Kinder heute wieder Kontakt zu ihnen haben. Die Mehrheit der Eltern schloß eine gemeinsame elterliche Sorge allerdings aus. Die Feindseligkeiten und gegenseitigen Kämpfe in der Ehe seien zu groß gewesen, als daß dies machbar gewesen wäre. In zwei Familien kam es anläßlich einer Taufe nach 9 bzw. 13 Jahren wieder zu einem ersten Kontakt zwischen den geschiedenen Eltern. Das Zusammentreffen war in dem einen Fall ohne Wissen der Eltern von den Kindern arrangiert worden – und ist gut ausgegangen. In dem anderen Fall waren dem Treffen eine Reihe von Gesprächen der Kinder mit den Eltern vorausgegangen, und eine telefonische Absprache zwischen den geschiedenen Eltern machte es schließlich möglich. Die Ankunft einer neuen Generation – die der Enkel –

kann bewirken, daß die unterbrochenen Kontakte wiederhergestellt werden; sie macht es den Familienmitgliedern offensichtlich leichter, wieder aufeinander zuzugehen.

Alleinstehende Eltern

> »Frau G. ist ein Beispiel für diese enttäuschten und verbitterten Frauen, die ein Leben lang mit ihrer zerbrochenen Beziehung und ihrem geschiedenen Mann hadern. Der Mann hat sie mit den gemeinsamen Adoptivkindern vor 18 Jahren sitzen lassen. Obwohl der persönliche Kontakt nach der Scheidung abbrach, hat die Beziehung zu ihrem geschiedenen Mann ihr Leben entscheidend bestimmt, jetzt aber als Kampf um Unterhalt, Besuchsrecht, ja um Liebe zu den Kindern ... Erst jetzt im Rentenalter fängt Frau G. langsam an, sich von ihrem Mann zu lösen und es sich gutgehen zu lassen. Sie lebt allein mit Hund, der wie ein Baby wirkte. Sie hat ihr Haus sehr schön und gemütlich eingerichtet und sich berufliche Inhalte aufgebaut, die ihr Leben spannend und interessant machen und in denen sie Anerkennung findet. Als Choreographin eines Kinderballetts kann sie ihre tänzerische Ausbildung und Begabung voll zur Geltung bringen.« *(schriftliche Anmerkung der Interviewerin)*

Bei vielen Eltern aus diesen Einelternfamilien sind Gefühle und Erinnerungen an eheliche Auseinandersetzungen auch 15 oder 18 Jahre nach der Scheidung noch frisch und intensiv. Sie setzen sich emotional nach wie vor stark mit der gescheiterten Ehe auseinander und quälen sich mit den enttäuschten Hoffnungen dieser Ehe herum. Etwa die Hälfte ist in der Zwischenzeit neue Beziehungen eingegangen, die mit drei Ausnahmen allesamt gescheitert sind. Lediglich zwei Väter und eine Mutter haben seit zwei bzw. drei Jahren eine feste Partnerschaft, aber nur ein Vater lebt auch mit seiner neuen Partnerin zusammen, die beiden anderen führen getrennte Haushalte.

Wir konnten feststellen, daß Eltern, deren Ehe mit Haßgefühlen und in wütendem Streit endet, oft so in diesen traumatischen Auseinandersetzungen verfangen sind, daß ihr Einfühlungsvermögen für ihre Kinder schwindet und sie nicht mehr bereit oder in der Lage sind, ihren Elternpflichten nachzukommen. Für sie stellen die Kinder eine große wirtschaftliche und soziale Belastung dar, der sie sich zu entledigen suchen, indem sie die Kinder in Heimen unterbringen oder zu Verwandten abschieben.

Es gibt auch Eltern, die ihre Kinder nach der Scheidung mehr denn je brauchen, um ihrem Leben einen Sinn zu geben, um Gesellschaft zu haben oder einen Ersatz für den fehlenden Partner. Eltern machen ihre Kinder dabei zu ihren Vertrauten, eine Rolle, die ihnen nicht angemessen ist und die sie überfordert. Überforderung oder Vernachlässigung der Kinder durch die alleinstehenden Eltern sind die wesentlichen Ursachen dafür, daß in etwa der Hälfte dieser Einelternfamilien die Eltern-Kind-Beziehung zum Teil erheblich gestört und zwischen Eltern und Kindern eine zunehmende Entfremdung eingetreten ist. Um Spannungen und Konflikten aus dem Weg zu gehen, sind die meisten Kinder schon bald nach ihrer Volljährigkeit aus der elterlichen Wohnung ausgezogen. Nur in 40 Prozent dieser Familien leben heute noch minderjährige Kinder.

Was die sozialen Auswirkungen einer Scheidung angeht, so gab es erhebliche Unterschiede zwischen Männern und Frauen.

»Herr M. führte mich zuerst in seinem Betrieb herum und erläuterte mir, was er in den vergangenen 12 Jahren verändert und erweitert hat. Seine Arbeit und sein Sohn beanspruchen den größten Teil seiner Zeit. Bevor sein Sohn nicht unter der Haube oder abgesichert sei, wolle er nicht an sein eigenes Privatleben denken, meinte Herr M. Er lebt allein mit seinem Sohn und hat tagsüber eine Hilfe im Haus. Über seine geschiedene Frau äußerte er sich nicht. Es schien so, als sei sie gar nicht vorhanden. Bei meinen Fragen nach seiner geschiedenen Frau und nach der Entwicklung seines Sohnes nach der Scheidung oder nach persönlichen Schwierigkeiten mit der Familiensituation zeigte er sich sehr zugeknöpft, ein Verhalten, das mir bei vielen Männern in dieser Untersuchung begegnet ist: nicht so viel problematisieren, sondern kompensieren über Status (Besitz, Auto, Arbeit) und materielle Annehmlichkeiten. So ein Stück weit ist er auch stolz, es mit dem Jungen allein zu schaffen.« *(schriftliche Anmerkung der Interviewerin)*

Wie bei Herrn M. änderte sich im Leben der meisten Männer aus unserer Studie nach der Scheidung wenig. In der Regel arbeiteten sie weiterhin in ihrem erlernten Beruf, konnten dabei auf eine Reihe beruflich bedingter Kontakte zurückgreifen und verfügten zumeist über einen durch den Beruf abgesicherten sozialen Status. Frauen hingegen führten 12 Jahre nach der Scheidung oft ein völlig anderes Leben. Entweder hatten sie vor ihrer Ehe keinen Beruf erlernt oder sie hatten ihre Berufsausbildung wegen der Heirat abgebrochen, oder sie konnten in ihrem erlernten Beruf keine Arbeit finden, die sich mit der Versorgung ihrer Kinder vereinbaren ließ. Nach der Scheidung hielten sie ihre Familie daher zunächst mit Aushilfsarbeiten über Wasser.

»Vor der Geburt meiner Tochter arbeitete ich als Ingenieurin in einer physikalisch-technischen Lehranstalt ... Nach meiner Scheidung konnte ich hier in A. in meinem Beruf keine Arbeit finden, aber wegen der Kinder und dem Haus auch nicht weg. Ich arbeitete dann drei Jahre als Küchenhilfe in einem Genesungsheim in der Nähe, um zwischendurch zu Hause mal nach dem Rechten sehen zu können ... 1985 wurde mein Sohn auf dem Schulweg von einem Auto angefahren und schwer verletzt. Ich bin die nächsten zwei Jahre zu Hause geblieben, um ihn zu pflegen. Mit Hilfe des Arbeitsamtes konnte ich später eine Umschulung machen und arbeite seit Oktober 1988 als Ausbildungsleiterin bei der Firma X.« *(Mutter, 45 Jahre)*

Frauen mit kleinen Kindern, besonders wenn sie durch die Scheidung in die Armut getrieben wurden, mußten oft einen jahrelangen Kampf bestehen, um emotional und gesundheitlich zu überleben. Einige Mütter wie Frau F41 haben in unserer ersten Erhebung vor 12 Jahren noch ihren Lebensunterhalt nach der Scheidung mit Nachtarbeit bei der Post verdient, um tagsüber ihr Kind oder ihre Kinder versorgen zu können. Andere ernährten sich aus dem Gartenanbau und unterhielten nachbarliche Tauschbeziehungen wie z.B. Dauerwellelegen und Fußpflege gegen Lebensmittel oder Brennstoffe. Manche besserten die Sozialhilfe durch ausbeuterisch anmutende Dienstleistungen für Hauswirte oder Verwandte auf, um finanziell über die Runden zu kommen. So wurde etwa für eine »niedrige Miete« die Wohnung des Vermieters geputzt und der Garten saubergehalten, Verwandte ließen sich für Zuschüsse zum Haushaltsbudget (z.B. die Übernahme der KFZ-Steuer für den Gebrauchtwagen) regelmäßig die Wäsche waschen, die Wohnung saubermachen u.a.m.

Jede zehnte Mutter, die noch vor 12 Jahren Kleinkinder versorgen mußte und deshalb auf Sozialhilfe angewiesen war, hat in der Zwischenzeit beruflich große Fortschritte gemacht und mit Hilfe von Fortbildungs- oder Umschulungsmaßnahmen Kompetenz und Selbstvertrauen erworben. Aber die meisten Mütter und Väter, die damals von Sozialhilfe lebten, haben es nicht geschafft, ihre Lebenssituation zu verbessern. Während vor 12 Jahren in diesen Einelternfamilien jeder vierte Elternteil mit seinen Kindern von Sozialhilfe lebte, war es in der zweiten Erhebungsphase noch jeder fünfte. Die Erziehung ihrer Kinder hat diese Eltern dauerhaft aus dem Erwerbsleben herauskatapultiert. Einige Mütter und Väter waren in den vergangenen 12 Jahren ein- oder zweimal im Rahmen einer staatlichen Arbeitsbeschaffungsmaßnahme beschäftigt. Ihr Einkommen hat aber nie ausgereicht, um den Unterhalt für sich und ihre Kinder allein aus eigener Arbeit zu bestreiten, ohne auf Leistungen des Sozialamtes angewiesen zu sein.

Obwohl die sozioökonomische Situation der Väter und Mütter aus diesen Einelternfamilien sehr unterschiedlich ist – die berufliche Qualifikation reicht vom ungelernten Arbeiter bis zum Richter – wird das Leben der meisten auch heute noch von Einsamkeit und Sorgen um die Kinder bestimmt. Viele wünschen sich zwar einen Partner, sind jedoch durch Fehlschläge entmutigt oder haben resigniert.

»Ich möchte auf Dauer nicht allein sein. Aber mit einer Partnerschaft ist das sehr, sehr schwierig. Ich bin jetzt 49, werde nächstes Jahr 50. Mit der Arbeit hat es ja geklappt, aber privat, wie gesagt, da hab ich keinen Partner gefunden. Was Männer anbetrifft, bin ich vielleicht zu empfindlich, habe schlechte Erfahrungen gemacht.« *(Frau F, 49 Jahre)*

Wenn auch Einsamkeit und soziale Isolierung dominante Merkmale dieser Einelternfamilien sind, so gibt es doch einige Eltern, vor allem unter den Frauen, die mit ihrem derzeitigen Leben zufrieden sind. Etwa jede dritte alleinstehende Mutter arbeitet in einem Beruf, der sie ausfüllt, und hat sich einen Freundeskreis aufgebaut, mit dem sie, seit die Kinder aus dem Hause sind, einen großen Teil ihrer Freizeit verbringt. Manche Frauen fanden daneben noch Kraft und Zeit, sich auf kommunaler Ebene sozial oder auch politisch zu engagieren.

Auch wenn die meisten Kinder inzwischen erwachsen sind und einen eigenen Haushalt haben, sorgen sich die Eltern immer noch um sie. Drei von vier Eltern sprachen über Probleme ihrer Kinder und die Schwierigkeiten, die ihnen ihre Kinder bereiten. In der ersten Erhebung hatten 40 Prozent dieser Einelternfamilien, die den anderen Elternteil ausgegrenzt haben, von Schwierigkeiten mit den Kindern berichtet; in der zweiten Erhebung nach 12 Jahren hat sich der Anteil auf heute 78 Prozent fast verdoppelt. Er liegt damit weit über den entsprechenden Anteilen in den übrigen Familienformen und ist ein Indiz dafür, wie sehr die Schwierigkeiten dieser Einelternfamilien nach innen wirken: Zerrüttete Familienverhältnisse, die durch Ausgrenzungsstrategien verstärkt oder zementiert werden, können die Reorganisation der Familie nach der Scheidung erschweren und bei Eltern und Kindern langfristige psychosomatische Beeinträchtigungen hervorrufen.

Das Verhängnisvolle einer Scheidung ist, daß die Auflösung der ehelichen Beziehungen in die Eltern-Kind-Beziehung hineinwirkt. Die Eltern bürden ihren Kindern fast zwangsläufig größere Verantwortung für Haushaltsaufgaben und die Versorgung und Betreuung jüngerer Geschwister auf und überfordern sie damit häufig. Das trifft auf alle

Familienformen der Nachscheidungsfamilie zu. Darüber hinaus waren Eltern und Kinder aus diesen Einelternfamilien insgesamt mit größeren wirtschaftlichen Problemen konfrontiert und oft stärkeren sozialen Zwängen ausgesetzt, als dies in den Mehrelternfamilien oder in den kooperativen Einelternfamilien der Fall war. Vor allem fehlte ein zweiter Erwachsener, der als Puffer für die Ängste und den Schmerz dienen konnte und der in Notsituationen einfach da war. Viele Eltern waren nach der Scheidung ständig gereizt, manche sehr verstört, alkoholkrank oder tablettenabhängig. Kinder in diesen Familien mußten häufig die Rolle des fehlenden Elternteils übernehmen und diese Rolle oft über Jahre hinweg spielen, wenn Mutter oder Vater sich nicht von der Scheidung erholten.

Als wir vor 12 Jahren mit den 17 Vätern und 36 Müttern aus diesen Einelternfamilien sprachen, waren die Wunden, die die Scheidung geschlagen hatte, bei vielen noch frisch. Sie hatten in der Regel sehr jung geheiratet – gut die Hälfte der Väter und Mütter war bei der Eheschließung noch unter 24 Jahre alt – und sich in weniger als fünf Jahren schon wieder getrennt, bei jeder vierten Familie hatte die Ehe allerdings zehn Jahre und länger bestanden. Die meisten gaben an, sie hätten sich auseinandergelebt. Daneben spielten Untreue des Partners, Alkoholprobleme und Gewalttätigkeiten eine ausschlaggebende Rolle. Obwohl die Scheidung in 91 Prozent der Fälle von den befragten sorgeberechtigten Eltern ausging, wurden viele schon damals von Einsamkeit und Zukunftsängsten gequält. Besondere Sorgen bereiteten ihnen die Kinder. Von den Schulkindern mußten 40 Prozent nach der Scheidung eine Klasse wiederholen. Jedes vierte Kind war nach der Schule allein zu Hause und mußte sich auch während der Schulferien selbst versorgen, weil der sorgeberechtigte Elternteil berufstätig war. Die Häufung von

Konflikten und Problemen, die in diesen Familien inzwischen aufgetreten sind, zeigt deutlich, daß Eltern und Kinder auf Beratung und Hilfe angewiesen sind, um die Scheidungskrise und die Folgen der Trennung bewältigen zu können. Vor 12 Jahren waren solche Hilfen noch nicht vorhanden, und die Zerrüttung der Familienbeziehungen ist gerade bei diesen Einelternfamilien, die den nichtsorgeberechtigten Elternteil ausgegrenzt haben, weiter vorangeschritten. Außerdem ist schwer vorstellbar, daß die heute vorhandene Beratung für Scheidungsfamilien, wie sie das neue Kinder- und Jugendhilfegesetz vom 1. Januar 1991 vorsieht, allein schon ausreicht, um an den Kern von Verunsicherung und Vertrauensverlust heranzukommen, ohne daß gleichzeitig konkrete Hilfen im sozialen Umfeld der Betroffenen diese Beratung unterstützen.

6. Kapitel

Das Vermächtnis der Scheidung

In den vorangegangenen Kapiteln habe ich zu zeigen versucht, wie Familien nach der Scheidung auseinanderfallen und wie sehr die Art und Weise, in der sie ihre Beziehungen reorganisieren, mit darüber entscheidet, ob es Eltern und Kindern gelingt, die Scheidung einigermaßen zufrieden und psychisch ausgeglichen zu überwinden. Die Erfahrungen von 150 Familien, auf die ich mich bei meiner Untersuchung stützen konnte, bieten in ihrer repräsentativen Auswahl ein getreues Abbild all jener Familien, die in unserer Gesellschaft von einer Scheidung betroffen sind. Die Zahl dieser Familien steigt beständig an und mit ihr auch die Probleme, die wir im Zusammenhang mit der Scheidung kennengelernt haben: In der starken seelischen Belastung der sich trennenden Eltern, den Identitätskonflikten und Verhaltensschwierigkeiten ihrer Kinder und der zunehmenden Verarmung vieler Scheidungshaushalte werden die tiefgreifenden Veränderungen deutlich, die heute die Institution Familie erschüttern.

Die Wertvorstellungen haben sich gewandelt[42], und gerade für Frauen hat das Zusammenleben in der Institution Ehe als einer lebenslangen Bindung erheblich an Bedeutung verloren. Viele Frauen sind nicht mehr bereit, sich mit Enttäuschungen und Unzulänglichkeiten in der Partnerbeziehung zu arrangieren. Ihre wachsende ökonomische Unabhängigkeit hat sie selbstbewußter gemacht und ihnen neue Lebensperspektiven eröffnet. Dies war auch die Situation der Frauen aus unserer Stichprobe, die damals zu 90 Prozent die Scheidung eingereicht hatten. Unter ihnen waren viele, die sich mit der Scheidung aus den Einschränkungen ihrer Ehe und von den Erwartungen an ihre Hausfrauen- und Mutterrolle befreien wollten. Allerdings haben unsere jüngsten Untersuchungen auch ergeben, daß das Zusammenleben mit Partner und Kindern nach wie vor von der Mehrzahl der Frauen und Männer aus unserer Studie und in besonderem Maße von der jungen Generation, den heute erwachsenen »Scheidungskindern«, als erwünschte Lebensform betrachtet und angestrebt wird. Insofern gilt der Wertewandel wohl eher der traditionellen Vorstellung einer lebenslangen Ehe und weniger den konkreten Formen des ehelichen oder nichtehelichen Zusammenlebens mit Lebenspartnern und Kindern.

In diesem Kapitel möchte ich noch einmal auf die Kinder aus unserer Stichprobe eingehen und dabei besonders solche Kinder ins Auge fassen, die ihren Eltern bereits vor 12 Jahren erhebliche Sorgen und Schwierigkeiten bereitet haben und deren Entwicklung auch heute noch Anlaß zur Sorge gibt. Wie wir feststellen konnten, leiden Scheidungsfamilien oft jahrelang unter Aggressionen, wirtschaftlicher Not und psychischen Störungen. Für die Kinder ist diese Zeit am schwierigsten, da sie noch dabei sind, Verhaltens- und Gefühlsmuster zu entwickeln, die ihr ganzes späteres Leben bestimmen. Vielen Eltern gelingt es auch nach der Scheidung nicht, sich wirklich voneinander zu lösen und den Kampf zu beenden. Dabei wird aus eigener Verletztheit oder Rachsucht in Kauf genommen, daß die Kinder unter den Auseinandersetzungen extrem leiden. Um ein sachliches Klima herzustellen und eine eigenständige Beziehung des Kindes zu Vater und Mutter zu ermöglichen, brauchen Eltern Hilfe. Abschließend werde ich deshalb auf Beratungsangebote und andere Hilfen eingehen, die Scheidungsfamilien heute zur

Verfügung stehen, und auch Fragen diskutieren, die meine Forschungsergebnisse für die berufliche Scheidungspraxis aufwerfen.

Scheidungskinder und Scheidungsfolgen

In unserer ersten Erhebungsphase 1980/81 wurde in den von uns untersuchten 150 Familien bei etwa jedem vierten Kind von anhaltenden Verhaltensstörungen nach der Scheidung berichtet, die den Eltern zum Teil erhebliche Erziehungsschwierigkeiten bereiteten. Insgesamt waren 59 Kinder aus 52 Familien betroffen. Unter ihnen überwog damals die Anzahl der Jungen mit 69 Prozent bei weitem die der Mädchen. Zwei Drittel dieser Kinder waren zur Zeit der Scheidung ihrer Eltern noch im Vorschulalter. Das vorherrschende Symptom war bei etwa der Hälfte ein aggressives Verhalten, das mit anderen Verhaltensauffälligkeiten wie Schulproblemen, Diebstahl, häufigen Wutanfällen, Tierquälerei, Lügen und Weglaufen einherging. Mit zwei Ausnahmen waren diese Symptome bei den Jungen aufgeführt. Bei den Mädchen überwogen depressive Verhaltensmuster, die in den meisten Fällen zusammen mit Disziplinschwierigkeiten, Unkonzentriertheit und Schulproblemen auftraten. Bei jedem fünften Kind äußerten sich die anhaltenden Störungen je nach Alter durch wiederholtes Bettnässen, Einkoten, überängstliches Verhalten und Selbstmordversuche.

Etwa die Hälfte der Kinder, bei denen die Störungen länger anhielten, lebte damals mit ihren Eltern und Geschwistern an der Armutsgrenze. Der enge finanzielle Spielraum zwang zu Einschränkungen in allen Lebensbereichen. Wohnungsnot, Arbeitslosigkeit und ausbleibende Unterhaltszahlungen trugen dazu bei, daß mancher Versuch scheiterte, die durch die Scheidung gestörten Beziehungen zwischen Eltern und Kindern wiederherzustellen. Bei jedem zweiten Kind mit anhaltenden Störungen bestand schon damals kein Kontakt mehr zum nichtsorgeberechtigten Elternteil, und auch bei den meisten Eltern war der Kontakt zum geschiedenen Partner oft unmittelbar nach der Scheidung abgebrochen. Das heißt, die überwiegende Mehrheit der Kinder mit anhaltenden Störungen stammte aus Familien, in denen die Eltern keinen Kontakt mehr miteinander hatten oder in denen sich die Konflikte nach der Scheidung fortsetzten und die Eltern so beanspruchten, daß sie den Bedürfnissen ihrer Kinder nicht gerecht werden konnten.

Als wir die Kinder nach 12 Jahren wieder trafen, waren aus ihnen junge Erwachsene geworden, und ihre Bereitschaft, an unserer Untersuchung teilzunehmen und über ihre Familiensituation und persönlichen Schwierigkeiten offen zu sprechen, hat mich überrascht. Vielleicht hatten viele vorher noch nie eine Gelegenheit, mit einem interessierten und qualifizierten Gegenüber ausführlich über ihre Schwierigkeiten zu sprechen, und waren daher so bereitwillig. Ich hatte mir bei der Vorbereitung der zweiten Befragung oft überlegt, was wohl aus den Kindern geworden ist, die es damals so schwer hatten, die Scheidung ihrer Eltern zu bewältigen. Sind ihre Störungen inzwischen abgeklungen und ist es ihnen gelungen, ein erfülltes und produktives Leben zu führen, oder hat die Scheidung bei Kindern auch langfristige Auswirkungen? Mich interessierte ebenso, wie es den anderen Kindern ergangen ist, die wie Meike A43 auf mich damals einen freundlichen und gut angepaßten Eindruck gemacht hatten. Sind auch bei diesen Kindern, die in unserer ersten Erhebung noch unauffällig waren, zu einem späteren Zeitpunkt Störungen aufgetreten?

In unserer zweiten Erhebung konnte ich die Entwicklung von 36 der 59 Kinder mit anhaltenden Störungen weiter verfolgen.[44] Von diesen 36 Kindern ist es nur 9 Kindern (25 Prozent) gelungen, ihre scheidungsbedingten Schwierigkeiten zu überwinden und sich zu lebenstüchtigen jungen Erwachsenen zu entwickeln. 27 Kinder (75 Prozent) haben dagegen nach wie vor große Probleme, den Alltag zu bewältigen und längerfristige Perspektiven für ihr Leben zu entwickeln. Knapp die Hälfte hat Probleme mit Alkohol und Drogen, einige haben wegen Beschaffungskriminalität bereits vor dem Richter gestanden. Andere sind bei gewalttätigen Auseinandersetzungen in rechtsradikalen Kreisen polizeilich aufgefallen. Eine junge Frau und ein junger Mann haben sich einer Sekte angeschlossen. Jeder dritte hat keine abgeschlossene Ausbildung, macht Aushilfsarbeiten oder ist arbeitslos gemeldet. Von ihren Eltern wurde etwa die Hälfte als aufsässig und destruktiv beschrieben, die übrigen als einsam, verschlossen und ängstlich. Die meisten jungen Leute sprachen offen über ihre Kontaktschwierigkeiten, Bindungsängste und sexuellen Probleme. Sie machten auf uns einen depressiven und unglücklichen Eindruck. Keiner hatte Kontakt zu dem nichtsorgeberechtigten Elternteil, und auch die Beziehung zu dem Elternteil, bei dem sie aufgewachsen waren, war angespannt und von vielen Konflikten belastet.[45]

Fragt man, warum es den neun Kindern gelungen ist, ihre scheidungsbedingten Schwierigkeiten zu überwinden, während die überwiegende Mehrheit aus dieser Gruppe nach wie vor unter den Folgen ihrer damaligen Familiensituation leidet, dann fallen zunächst Unterschiede beim Geschlecht auf: Während es sich bei den neun stabilisierten Kindern um fünf junge Frauen und vier junge Männer handelt, sind unter den 27 Kindern mit langfristigen Störungen 63 Prozent junge Männer, die bei der Scheidung ihrer Eltern noch unter zehn Jahre alt waren und in unserer ersten Erhebung unter extremen Anpassungsschwierigkeiten litten. Noch auffälliger sind die Unterschiede in der Familienform: Mit zwei Ausnahmen[46] sind alle 36 Kinder in Familien aufgewachsen, die den nichtsorgeberechtigten Elternteil ausgegrenzt hatten. Aber während die überwiegende Mehrheit der Kinder, die ihre Schwierigkeiten heute bewältigt haben, nach der Scheidung in einer Einelternfamilie lebte (78 Prozent), wuchs die Hälfte der Kinder, deren Störungen nach wie vor andauern, in einer ausgrenzenden Mehrelternfamilie auf, die sich als »Normal«familie versteht. Die meisten waren zudem bereits in der Pubertät, als ihre Eltern sich wiederverheirateten. Über die Schwierigkeiten von Kindern, die bereits über zehn Jahre alt sind, eine gute und tragfähige Beziehung zu Stiefeltern aufzubauen, habe ich in Kapitel 2 berichtet. Die Mehrheit dieser Kinder hat sehr früh die elterliche Wohnung verlassen, bei einigen gibt es Angaben, die dafür sprechen, daß sie von den Eltern »ausgegrenzt« wurden, weil sie den Familienfrieden störten.

Welches sind nun die Kinder, denen es trotz aller Widrigkeiten gelungen ist, die Scheidung ohne dauerhafte Folgen zu überwinden? Vergleicht man die biographischen Profile der Kinder, so wird deutlich, daß die neun Kinder, die ihr Leben in den Griff bekommen haben, dabei auf gute Kontakte zu ihren sorgeberechtigten Eltern und auf viel Unterstützung durch sie zurückgreifen konnten. Sie gehörten auch zu den Kindern, denen Außenstehende halfen, sich aus den Verwicklungen der Scheidung der Eltern zu befreien und sich auf die veränderte Familiensituation einzustellen. Wer über ein stabiles Netz verläßlicher Beziehungen und Ansprechpartner in Notlagen verfügt, hat es also deutlich leichter, die veränderte Familiensituation zu bewältigen. Der Verlust von Familienbeziehungen ist dagegen nicht nur die häufigste Folge der Scheidung, sondern zugleich auch die gravierendste Ursache für scheidungsbedingte Störungen bei Kindern.

Jungen und Mädchen reagieren zunächst unterschiedlich auf die veränderte Familiensituation. Während in unserer ersten Erhebung vor allem Jungen nicht nur stärker, sondern auch anhaltender mit Problemverhalten reagiert hatten als Mädchen – eine Erfahrung, die im Einklang mit amerikanischen Untersuchungen[47] steht –, sind es in der zweiten Erhebung nach 12 Jahren vor allem junge Frauen, die psychische Störungen aufweisen. Unter den 41 »Kindern«, die in der ersten Erhebung keine Schwierigkeiten hatten, aber heute unter erheblichen Störungen leiden, sind 61 Prozent junge Frauen wie Meike A, die mit Identitätsproblemen und Beziehungsängsten zu kämpfen haben. Ebenso wie die jungen Männer, die mit anhaltenden Störungen reagiert hatten, war auch die Mehrheit dieser jungen Frauen bereits in der Pubertät, als die sorgeberechtigten Eltern wieder heirateten. Die neue Heirat traf sie also in einer Lebensphase, in der Jugendliche die Beziehung zur eigenen Familie überprüfen und damit die Scheidungserfahrung wieder schmerzlich akut wird. Vor allem aber wuchsen die Kinder fast ausnahmslos in Familien auf, die den anderen Elternteil ausgrenzten.

Belastend wirkt sich zudem aus, daß sich die Mädchen meistens sehr viel enger an ihre alleinerziehenden Eltern angeschlossen hatten als die Jungen. Sie fühlten sich für das Wohl von Mutter oder Vater verantwortlich und kamen dadurch in ihrer eigenen Entwicklung häufig zu kurz. Besonders problematisch wurde es dann für sie, wenn sie bei der Wiederverheiratung des Elternteils die Rolle der Vertrauten verloren, bzw. mit Stiefvater oder -mutter teilen mußten. Rivalitäten waren hier praktisch vorprogrammiert und wurden durch ein ausgrenzendes Familienmodell ganz offensichtlich noch verstärkt. Daß Mädchen erst in einer späteren Altersphase, zumeist in der Adoleszenz, stärkere Beeinträchtigungen zeigten, spricht dafür, daß es sich hierbei um verzögerte Reaktionen der Mädchen handelt, die erst im Zuge von Entwicklungsveränderungen im Jugendalter und in der Adoleszenz hervorbrechen, in einer Lebensphase also, die auch eine neuerliche Auseinandersetzung mit der elterlichen Scheidung als Teil der eigenen Familiengeschichte nahelegen.

Scheidungsfamilien und berufliche Scheidungsbegleitung

Die Scheidung ist für die meisten Erwachsenen und nahezu alle Kinder eine schmerzliche Erfahrung, unter der viele lebenslang leiden. Nur wenige Eltern schaffen es von sich aus, Zorn, Feindseligkeiten und Anschuldigungen zu überwinden und nach der Trennung gemeinsam Elternverantwortung zu übernehmen. Aber nur wenn Eltern dies gelingt, haben Kinder eine gute Chance, die Scheidung psychisch gesund zu überstehen. Dazu benötigen Scheidungsfamilien fachliche Hilfe. Der Gesetzgeber des neuen Kinder- und Jugendhilferechts hat in § 17 Kinder- und Jugendhilfegesetz die Trennungs- und Scheidungsberatung zur Pflichtaufgabe der Jugendämter gemacht. Das Beratungsangebot begründet er mit dem »erschreckend hohen Anteil von Kindern alleinerziehender geschiedener Eltern an Heim- und Pflegekindern«[48]. Die Tatsache, daß rund 80 Prozent der Kinder in öffentlicher Erziehung aus Scheidungsfamilien kommen, wird als ein »Indiz für die Schwierigkeiten (betrachtet), mit denen Kinder und Jugendliche aus gescheiterten Bindungen zu kämpfen haben«. Bei einer Trennung soll also das Jugendamt helfen, zu einem einvernehmlichen Konzept zu gelangen, das als Grundlage für die richterliche Entscheidung über das Sorgerecht nach der Scheidung dienen soll.

Das Beratungsangebot der Jugendhilfe für Eltern, die sich trennen wollen, wird von einigen Fachleuten[49] als unzureichend kritisiert. Gefordert wird, alle Eltern gesetzlich dazu zu verpflichten, sich vor der rechtlichen Scheidung einer Beratung zu unterziehen. Ich meine, daß eine Beratungspflicht für alle Eltern, die sich trennen wollen, sinnvoll und auch zumutbar ist. Doch reicht eine Beratung vor der Scheidung allein nicht aus, um Ausgrenzungstendenzen von Scheidungsfamilien entgegenzuwirken und Mehrelternfamilien zu helfen, die Besonderheiten ihrer Familiensituation zu akzeptieren – zumal die Eltern zu diesem Zeitpunkt meist viel zu sehr in ihren eigenen Trennungs- und Partnerproblemen befangen sind, um wirklich überblicken zu können, welche Probleme auf sie und ihre Kinder zukommen.

Die festgestellten langfristigen Folgen der Scheidung erfordern auch langfristige Lösungen und sind nicht durch eine einmalige Beratung zu beheben. Es ist vielmehr notwendig, ein langfristig angelegtes Beratungskonzept für Scheidungsfamilien zu entwickeln, das ihnen während und nach der Scheidung eine berufliche Scheidungsbegleitung zur Seite stellt. Eltern sollten hier einen Ansprechpartner finden, der sie über Beratungsangebote und fachliche Hilfen informiert und ihnen diese auch vermittelt und zugänglich macht. Sie benötigen Hilfe, um Entscheidungen über ihre Lebensform, die Besuchsregelungen und die Form des Sorgerechts zu treffen. Und ihnen muß auch geholfen werden, diese Entscheidungen in die Tat umzusetzen – und zu modifizieren, wenn sie sich wieder verheiraten, wenn die Kinder älter werden und die Familie sich verändert.

Den Eltern aus unserer Studie stand bei ihrer Scheidung noch kein Beratungsangebot zur Verfügung.[50] Wir haben nur acht Eltern getroffen, die damals professionelle Hilfe in Anspruch nehmen konnten, um ihre elterliche Autonomie nach der Scheidung wiederzugewinnen. Vielen Eltern war gar nicht bewußt, daß die Qualität der Beziehung des Kindes zu beiden Eltern entscheidend dafür ist, wie das Kind die Scheidung seiner Eltern und die Reorganisation der Familienbeziehungen in der Nachscheidungssituation bewältigt. Eltern muß auch deutlich gemacht werden, daß die Inanspruchnahme von beratender oder therapeutischer Hilfe nicht als ein Versagen oder Scheitern ihrerseits verstanden wird, sondern daß professionelle Beratung und Hilfe angesichts der speziellen Probleme, die mit einer Scheidung verbunden sind, für alle Betroffenen die Regel sein sollte.

Kindern ist wesentlich geholfen, wenn der Elternkonflikt entschärft ist und der Kontakt zu beiden Eltern erhalten bleibt. Viele Fachleute sehen in der gemeinsamen elterlichen Sorge nach der Scheidung einen Garant dafür. Zur Zeit wird Eltern das gemeinsame Sorgerecht nur dann erteilt, wenn beide dies ausdrücklich fordern und der Richter der Meinung ist, daß diese Lösung dem Kindeswohl zuträglich ist. In der Regel erhält die Mutter das alleinige Sorgerecht. Von Interessenverbänden wie Dialog, aber auch von Familienrechtlern und Psychologen[51] wird dagegen gefordert, die gemeinsame elterliche Sorge zum Regelfall nach der Scheidung zu machen, um die Belastungen für das Kind zu reduzieren. Gerichte sollten nur noch bei »strittigen« Fällen eingreifen. Ansonsten sollte, wie etwa in Dänemark, eine einverständliche Eheaufhebung – ohne jeglichen Anwaltszwang – von einer neutralen und weisungsunabhängigen Stelle vorgenommen werden, die beide Eltern begleitet und berät.

Was an Forschungsergebnissen zur gemeinsamen elterlichen Sorge vorliegt, läßt allerdings Zweifel aufkommen, ob diese Erwartungen sich in der Praxis einlösen lassen. Wallerstein (1989) und ihre Mitarbeiter konnten in den USA beobachten, daß auch die gemeinsame elterliche Sorge Kinder nicht vor Ängsten und Schwierigkeiten bewahrt. Das Pendeln zwischen beiden Elternhäusern kann die Angst gerade kleiner Kinder noch verstärken, daß Beziehungen zu Menschen und Bindungen an Orte keinen Bestand haben. Zu ähnlichen Ergebnissen kommt die Berliner Untersuchung von Balloff und Walter (1990; 1991): Die abwechselnde Betreuung durch den Vater und die Mutter bedeutete eine ständige Wiederholung der Trennungserfahrung, die die Kinder belastete. Nach Balloff und Walter treten bei Kindern, deren Eltern das Sorgerecht gemeinsam ausüben, nicht weniger Störungen auf als bei Kindern, bei denen ein Elternteil sorgeberechtigt ist.

Meine Untersuchungsdaten zeigen, daß die Bereitschaft von Eltern, nach der Scheidung gemeinsam Verantwortung für ihr Kind zu übernehmen, nicht so sehr von der Sorgerechtsregelung, sondern von der Art und dem Umfang der Konflikte abhängt, die ihre Beziehung zum Zeitpunkt der Trennung bestimmten. Jedes fünfte Ehepaar in meiner Studie hat nach der Scheidung im Interesse des Kindes zusammengearbeitet, obwohl es für diese Eltern damals noch kein gemeinsames Sorgerecht gab. Die Beziehung der Eltern, die zur Kooperation fähig waren, war weniger von Haß, Feindseligkeiten und Auseinandersetzungen wegen fehlender oder unzureichender Unterhaltsleistungen für das Kind bestimmt, als die der Eltern, die nach der Scheidung nicht miteinander umgehen konnten. Eltern, die sich die Verantwortung für ihr Kind oder ihre Kinder teilten, verfügten auch insgesamt über mehr freundschaftliche und verwandtschaftliche Bindungen als Eltern, die nicht zu einer am Kind orientierten Zusammenarbeit fähig waren. Bei ihnen gingen durch die Scheidung weniger Kontakte im sozialen Umfeld verloren, sie wurden von den Herkunftsfamilien beider geschiedener Partner zum Teil auch materiell unterstützt, und sie sind häufiger neue Partnerschaften eingegangen. In der unsteten und orientierungslosen Periode, die unmittelbar auf die Scheidung folgt, hatte die Unterstützung von Angehörigen und Freunden für die alleinstehenden Eltern und ihre Kinder eine stabilisierende Wirkung. Trost, Wärme und zuverlässige Hilfe, die sie hier fanden, halfen ihnen, die Scheidungskrise zu bewältigen und sich als Eltern neu zu orientieren.

Meine Forschungsergebnisse zu kooperativen Scheidungsfamilien belegen, wie eng die elterliche Kooperation mit dem Angebot an Hilfe und Unterstützung verbunden ist, das Eltern während und nach der Scheidung zur Verfügung steht. Zugleich verdeutlichen sie, daß die meisten der Scheidungsfamilien, die nicht über entsprechende private Ressourcen verfügen, auf ein erweitertes Angebot finanzieller und fachlicher Hilfen angewiesen sind, um als Eltern verantwortungsvoll handeln zu können und nicht in Armut und soziale Isolierung abgedrängt zu werden. Ich meine, daß mit dem Angebot einer beruflichen Scheidungsbegleitung sehr viel mehr Eltern fähig und auch bereit sein würden, nach der Scheidung im Interesse ihrer Kinder zu kooperieren, wobei die Sorgerechtsregelung den Eltern überlassen bleiben sollte. Die Frage, wer nun das Sorgerecht erhalten soll, beide Eltern oder der Elternteil, bei dem das Kind überwiegend lebt, ist im Prinzip zweitrangig und wird nur deswegen vorrangig diskutiert, weil das geltende Scheidungsrecht in diesem Punkt eine juristische Lösung herbeiführen will. Aber gemeinsame Elternverantwortung ist nicht schon dadurch gewährleistet, daß Eltern die gemeinsame elterliche Sorge für das Kind gerichtlich zugesprochen wird. Sie muß auf einer von beiden Eltern gemeinsam erarbeiteten Lösung beruhen, die meist nur auf dem Beratungsweg zu erreichen ist und mit der sich Konflikte und Schwierigkeiten auch langfristig eigenverantwortlich regeln lassen.

Als gesellschaftliches Massenphänomen ist die Scheidung – und sind vor allem die Scheidungsfolgen – heute kein privates Problem mehr. Niemand kann Eltern die Entscheidung darüber abnehmen, welche Familienform sie nach der Scheidung wählen. Aber zur Bewältigung der Scheidungsfolgen haben sie sehr wohl einen Anspruch auf fachlich kompetente Unterstützung und Beratung, die in einer schwierigen Umbruchzeit neue Perspektiven aufzeigen kann.

Anhang

Forschungsmethoden und Stichprobe

Die zwei Forschungsmethoden, mit denen ich in dieser Längsschnittsuntersuchung gearbeitet habe - die biographische und die repräsentative Methode - wurden von mir mit unterschiedlicher Zielsetzung ausgewählt und eingesetzt. Während ich mit dem repräsentativen Verfahren der Fragebogenerhebung Hypothesen zur Familienentwicklung und zu Scheidungsfolgen überprüfen wollte, sollten die detaillierten biographischen Interviews einen Eindruck davon vermitteln, mit welchen Sichtweisen und Lebensentwürfen die Befragten selbst versucht haben, ihr Leben zu verstehen und zu gestalten.

Repräsentativerhebung

Das Untersuchungsinstrument für die Repräsentativerhebung waren vier strukturierte Interviews. Das erste Interview haben wir mit demselben Elternteil geführt, den wir bereits vor 12 Jahren interviewt hatten. Der zweite Interviewpartner war mindestens ein Kind aus der damaligen Familiensituation. In den Fällen, in denen der Elternteil aus der ersten Erhebung inzwischen wieder geheiratet hatte oder in einer festen Partnerschaft lebte, also ein Stiefelternteil hinzugekommen war, wurde das dritte Interview mit diesem Stiefelternteil geführt. Das vierte Interview haben wir mit dem nichtsorgeberechtigten Elternteil bzw. dem geschiedenen Ehepartner des vor 12 Jahren interviewten Elternteils geführt.

Bei der Entwicklung der Fragebögen für die vier Interviews wurden alle zentralen Indikatoren, die wir in der ersten Erhebungsphase zur Definition von Nachscheidungsfamilien herangezogen hatten, wiederum berücksichtigt, also z.B. die sozioökonomische Situation, der Gesundheitszustand, die Einstellung zur Scheidung und Wiederheirat, das soziale Netz, Besuchsregelungen, Eltern-Kind-Beziehungsmuster, ko-elterliche Interaktion u.a.m. Auf diese Weise sollten familiale Konstellationen präzise erfaßt und Veränderungen in den Lebensverhältnissen der Familien sichtbar werden.[1]

Mit Hilfe der biographischen Interviews, die ich im Rahmen einer Vorstudie durchgeführt hatte, konnten die Forschungskonzepte differenziert und die Fragenkomplexe auf die unterschiedlichen Lebenssituationen und Interpretationsmuster von Eltern, Stiefeltern und Kindern abgestimmt werden. Auch Formulierung und Abfolge der Fragen, die für die vier Fragebögen entwickelt wurden, waren an dem Gesprächsverlauf ausgerichtet, der sich bei den biographischen Interviews als sinnvoll herausgestellt hatte. Als Befragungsform wurde ein strukturiertes Interview gewählt, bei dem Formulierung und Abfolge der Fragen festgelegt, die Antwortmöglichkeiten jedoch weitgehend offen sind.

Die Entwürfe für die vier Fragebögen für Eltern, Kinder, Stiefeltern und nichtsorgeberechtigte Eltern wurden in sechs Familien der Stichprobe, die unterschiedliche Familienformen repräsentieren, einem Pretest unterzogen. In einem Zeitraum von 16 Monaten, von Oktober 1992 bis einschließlich Januar 1994, gelang es uns, in 109 Familien (73 Prozent der ursprünglichen Stichprobe vgl. Kapitel 1.2) insgesamt 304 Interviews durchzuführen. Die Verteilung der 304 Interviews nach Familienform, Position in der Familie und Geschlecht des Interviewpartners ist in Tabelle 2 wiedergegeben.

Das erhobene Fragebogenmaterial wurde aufbereitet, kodiert und mit der EDV-Anlage im Rechenzentrum der Universität Hamburg ausgewertet. Die Auswertung erfolgte mit Hilfe der PC-Version des Programmpakets SPSS PC+

Tabelle 2: N = 304 Interviews nach Familienform, Position in der

	Sorgeber. Eltern		Kinder		Stief-eltern		nichtsorge-ber. Eltern		
	m	w	m	w	m	w	m	w	
EEF mit Ausgrenzung	14	35	28	38	-	-	8	3	126
EEF mit Integration	4	7	7	2	-	-	1	4	25
MEF mit Ausgrenzung	13	20	17	29	18	13	3	2	115
MEF mit Integration	4	5	4	8	5	5	4	3	38
Insgesamt	35	67	56	77	23	18	16	12	304

und war von Untersuchungsplan und Hypothesenprüfung bestimmt. Außer Kreuztabellen und multivariaten Analysen wurden weitere statistische Verfahren eingesetzt, um die zentralen Indikatoren, die in der ersten Erhebungsphase 1980/81 zur Definition von Scheidungsfamilien herangezogen worden waren, wiederum zu berücksichtigen und um Veränderungen in den Lebensverhältnissen der Familien sichtbar machen zu können.

Biographische Interviews

Ziel der Vorstudie war, mit Hilfe von explorativen Interviews die komplexen Prozesse der Reorganisation der Familie nach Scheidung aus der Sicht der Betroffenen zu verstehen. Hierfür fand ich das biographische Interview aus der qualitativen Sozialforschung besonders geeignet, weil mit diesem Instrument subjektive Deutungsmuster und subjektive Konstruktionen der Familiengeschichte und der familialen Wirklichkeit erschlossen werden können. Da die narrative Struktur des Interviews den Befragten die Gelegenheit gibt, ihre Erfahrungen selbst darzustellen, wird ihre eigene Sicht und Bewertung familienbiographischer Erlebnisse deutlich.

Für die Auswahl der biographischen Interviews nahm ich Kontakt zu sechs Familien auf, die zu den 15 Scheidungsfamilien (10 Prozent) der Gesamtstichprobe gehören, die in der ersten Erhebungsphase vor 12 Jahren für uns ein Tagebuch geführt hatten. Meine Auswahl der sechs Familien war von der damaligen Zusammensetzung der Familie bestimmt; außerdem hatten sie sich mit der Bereitschaft, ein Tagebuch zu führen, besonders kooperationsbereit gezeigt. Bei der ersten Kontaktaufnahme, die ohne Anschreiben zumeist telefonisch erfolgte, erinnerten sich vier Eltern spontan an unsere Untersuchung vor 12 Jahren. Bei einer Familie ließ sich die Erinnerung im Verlauf des Gesprächs wiederherstellen. In einer weiteren Familie konnte nur mit dem Sohn gesprochen werden, da der alleinstehende Vater erkrankt war.

Wie aus Tabelle 3 hervorgeht, habe ich in den Familien D und E jeweils mit den nichtsorgeberechtigten Eltern und den Kindern ein Interview geführt und in Familie E zusätzlich mit der Mutter und dem hinzugekommenen Stiefvater.

Tabelle 3: Interviewte Familienmitglieder in den sechs untersuchten Nachscheidungsfamilien

Familie	sorgeberechtigter Elternteil	Stiefelternteil	Kinder aus der gesch. Ehe der 1. Erhebung	nichtsorgeber. Elternteil	
Familie A	Vater	Stiefmutter	1 Sohn 1 Tochter		4
Familie B	Mutter		2 Töchter		3
Familie C	Vater		1 Tochter		2
Familie D			1 Sohn	Mutter	2
Familie E	Mutter	Stiefvater	2 Töchter	Vater	5
Familie F	Mutter				1
insgesamt	5	2	8	2	17

Ein weiteres Stiefelterninterview habe ich in Familie A geführt. In Familie F konnte ich nur mit der Mutter sprechen, da sich die Tochter im Ausland aufhielt. Die mehrstündigen biographischen Interviews wurden auf Tonband aufgenommen und anschließend transkribiert.

In meiner Textanalyse der 17 biographischen Interviews habe ich das Material einerseits nach generations- und geschlechtsspezifischen Perspektiven ausgewertet und andererseits bestimmten Themenbereichen zugeordnet.[2] Meine Auswertung orientierte sich an drei zentralen Fragestellungen:

1. Welche Beziehung bestand zwischen den beiden geschiedenen Elternteilen, wie war die Beziehung des Kindes zum außerhalb lebenden nichtsorgeberechtigten Elternteil? Also Abbruch des Kontakts, parallel parenting oder ko-elterliche Interaktion.
2. Die Haushaltsebene: Lebte das Kind nach der Scheidung in einem Haushalt, überwiegend in einem Haushalt, oder in zwei Haushalten?
3. Waren in den Mutter- oder Vaterfamilien Stiefeltern vorhanden, und welche Rolle spielt der Stiefelternteil im Familienleben? Wie ist die Beziehung der Stiefeltern zum Kind?

Um meine Interpretationen nachvollziehbar und transparenter zu machen, habe ich, sofern dies möglich war, die Befragten selbst zu Wort kommen lassen, und so meine Aussagen exemplarisch zu belegen versucht.

Im folgenden stelle ich die sechs untersuchten Nachscheidungsfamilien kurz vor, um dem Leser dieses Forschungsberichts zu ermöglichen, sich ein Bild von den einzelnen Familien zu machen.

Familienportraits der qualitativen Studie

Familie A:

Familie A[3] bewohnt am Rande einer mittelgroßen Stadt in Schleswig-Holstein eine Neubauwohnung. Zur Familie gehören der 45jährige Herr A, seine 23jährige Tochter Meike und sein 15jähriger Sohn Rolf aus erster Ehe, die 38jährige Frau A und ihre 17jährige Tochter Bärbel aus erster Ehe.

Nach 8jähriger Ehe hatte sich Herr A 1978 von seiner ersten Frau getrennt und zunächst drei Jahre allein mit seiner Tochter Meike gelebt, bevor er auch seinen Sohn Rolf zu sich holte. Als ich Herrn A 1981 kennenlernte, hatte er gerade das Sorgerecht für Rolf erhalten. Vorausgegangen war eine lange gerichtliche Auseinandersetzung mit seiner geschiedenen Frau, die die Familie sehr belastet hatte[4]. Im selben Jahr lernte Herr A seine zweite Frau kennen. Frau A war ebenfalls geschieden und lebte mit ihrer Tochter Bärbel im Nachbarort. Sie zog wenige Monate später mit Bärbel zu Herrn A und seinen Kindern. Beide Partner leben seitdem zusammen und haben zehn Jahre später geheiratet.

Herr A ist Handwerksmeister und als Betriebsleiter in einer Installationsfirma beschäftigt. Frau A arbeitet als Kindergärtnerin. Die älteste Tochter Meike zog nach ihrer Volljährigkeit aus der elterlichen Wohnung aus und lebte ein Jahr mit einem Freund zusammen, von dem sie sich inzwischen getrennt hat. Sie arbeitet als Arzthelferin in Hamburg, verbringt die Wochenenden aber meistens bei Familie A. Rolf mußte die Realschule verlassen und macht z. Zt. seinen Hauptschulabschluß. Bärbel hat nach der Mittleren Reife eine Ausbildung als Anwaltsgehilfin begonnen.

Keines der Kinder hat Kontakt zu dem außerhalb lebenden nichtsorgeberechtigten Elternteil.

Familie B:

Familie B – dazu gehören Frau B, 38 Jahre alt, und ihre beiden Töchter aus erster Ehe, Wibke, 19 Jahre und Marlene, 17 Jahre, sowie ihr zweiter Ehemann, Herr B, 41 Jahre – lebt im eigenen Haus in dörflicher Umgebung in Niedersachsen.

Als ich Frau B 1981 kennenlernte, lebte sie im selben Haus bei ihrem jetzigen Mann, der damals noch verheiratet war, zur Untermiete. Sie war auf Wohnungssuche und recht verzweifelt, weil das Sozialamt ihr jede Unterstützung bei der Suche verweigerte.[5] Es gelang ihr dennoch, im Dezember 1981 eine 2-Zimmerwohnung in der nahegelegenen Kreisstadt zu finden, wo ihre Töchter die Schule besuchten und sie eine Ausbildung als Altenpflegerin absolvierte.

Zu Herrn B, einem KFZ-Mechaniker, bestand nach dem Auszug weiter ein loser Kontakt. Als Herr B sich von seiner ersten Frau trennte, besuchte er Frau B und ihre Töchter regelmäßig. 1987 heirateten die beiden, und Frau B zog mit ihren Töchtern wieder in das Haus von Herrn B. Das erste Ehejahr ist Frau B nach eigenem Bekunden sehr schwer gefallen. Sie hatte einen Zusammenbruch und kam acht Wochen zur Kur. Mit therapeutischer Hilfe konnte sie dort ihre verdrängten Probleme mit ihrer ersten gewalttätigen Ehe aufarbeiten und fand Kraft, sich auf die neue Ehe einzulassen.

Für die Töchter Wibke und Marlene war die Rückkehr in das frühere Wohnhaus leichter. Marlene, die jüngste Tochter, war noch ein Säugling, als ihre Eltern sich trennten. Sie hat keine Erinnerung an und keinen Kontakt zu ihrem biologischen Vater und betrachtet Herrn B als ihren Vater. Wibke, die ältere, hatte sich zunächst gegen die Ehe ihrer Mutter mit Herrn B gestellt, obwohl ihr Vater, den sie in unregelmäßigen Abständen besucht, wieder geheiratet und auch ein Kind aus der zweiten Ehe hat. Bei ihr bestand immer die Hoffnung, daß ihre Eltern sich wieder versöhnen würden. Es dauerte daher einige Jahre, bevor sie Herrn B als Stiefvater akzeptierte. Wibke hat nach dem Hauptschulabschluß die Handelsschule besucht, diese aber nicht abgeschlossen. Als ich mit ihr sprach, war sie auf der Suche nach einer Lehrstelle als Bürokauffrau. Ihre jüngere Schwester Marlene macht nach der Hauptschule ein berufsbefähigendes Jahr an der Berufsschule. Sie hat danach eine Ausbildungsstelle als Floristin in Aussicht.

Familie C:
Herr C, 55 Jahre alt, lebt mit seinen Töchtern Frauke, 20 Jahre, und Ute, 18 Jahre, im 8. Stockwerk eines Hochhauses am Stadtrand Hamburgs. Die Wohnung hat 3 Zimmer und ist so aufgeteilt, daß jede Tochter ihr eigenes Zimmer hat. Das größere Zimmer von Herrn C ist zugleich das Wohn- und Eßzimmer der Familie.

Als ich nach fast 12 Jahren Familie C wieder aufsuchte, war die Wohnsituation sehr angespannt. Die beiden Töchter mußten sich ein Zimmer teilen, weil sie die Mutter mit ihrem Baby bei sich aufgenommen hatten. Die geschiedene Frau von Herrn C war nach einer Räumungsklage obdachlos geworden und lebte mit ihrem Kind schon seit 18 Monaten bei Familie C.[6] Als ich zwei Wochen später das letzte Interview bei Familie C führte, war die geschiedene Frau C mit ihrem Kind ausgezogen. Sie hatte in der unmittelbaren Nachbarschaft eine kleine Wohnung gefunden.

Herr C arbeitete früher als kaufmännischer Angestellter in der Textilbranche. Eine schwere Virusinfektion machte ihn vor 14 Jahren erwerbsunfähig. Als er aus dem Krankenhaus entlassen wurde, zog seine Frau aus der gemeinsamen Wohnung aus und überließ ihm die Sorge für die zwei kleinen Töchter. Wie schwierig die Situation als alleinerziehender

Vater für ihn war, hat Herr C nicht ohne Humor in seinem Tagebuch aufgezeichnet.[7] Inzwischen sind seine Töchter erwachsen. Frauke hat nach der Mittleren Reife gerade die Handelsschule abgeschlossen und bewirbt sich bei einer Im- und Exportfirma um eine Anstellung. Die jüngere Tochter, Ute, weiß noch nicht, was sie machen will. Sie hatte ihre zweite Lehrstelle abgebrochen, als ich mit ihr sprach.

Familie D:

Herr D, 52 Jahre alt, bewohnt mit seinem Sohn Reinhard, 27 Jahre, in einer mittelgroßen Stadt Niedersachsens eine 4-Zimmer-Neubauwohnung. Herr D ist Postbeamter. Als seine Frau und er sich trennten, wurden die damals 8jährigen Zwillinge, Reinhard und Frank, von den Eltern aufgeteilt. Frank kam zur Mutter, die in eine andere Stadt zog, und Reinhard blieb beim Vater. Herr D hat sich in seinem Tagebuch mit den Defiziten seiner Sozialisation auseinandergesetzt und darauf hingewiesen, daß er sich »wohler fühlen (würde), wenn ich gelernt hätte, wie man richtig kocht, saubermacht, wäscht und einkauft.«[8]

Trotz der räumlichen Trennung sind Eltern und Kinder in Kontakt geblieben. Ein Elternteil ist jeweils mit beiden Kindern in den Urlaub gefahren. Bestimmte Familienfeiern wie Konfirmation, Geburtstage u.a. werden mit beiden Eltern zusammen gefeiert. Beide Eltern hatten zwischenzeitlich eine feste Partnerschaft, haben sich aber nicht wieder verheiratet und leben heute allein, bzw. Herr D mit dem Sohn zusammen.

Da Herr D erkrankt ist, konnte nur ein Interview mit dem Sohn und seiner Mutter, der geschiedenen Frau D, geführt werden. Reinhard hat nach dem Abitur studiert. Er arbeitet als Chemiker in einer 80 km entfernten Großstadt, wohnt aber weiterhin beim Vater.

Familie E:

Familie E – dazu gehören Frau E, 52 Jahre, ihre drei Töchter aus erster und zweiter Ehe, Ulrike, 27 Jahre, Marlies, 25 Jahre, Gesine, 16 Jahre, ihr dritter Ehemann, Herr E, 54 Jahre, sowie sein Sohn aus seiner ersten, geschiedenen Ehe, Axel, 27 Jahre – bewohnt ein modernes Reihenhaus an der Peripherie einer schleswig-holsteinischen Großstadt.

Als ich Frau E vor 12 Jahren kennenlernte, war ihre zweite Ehe gerade geschieden, und sie lebte seit 6 Monaten mit ihrem neuen Partner, Herrn E, und ihren drei Töchtern zusammen. 1982 kam Axel, der Sohn aus erster Ehe von Herrn E, als neues Mitglied in den Haushalt. 1984 haben Herr und Frau E geheiratet.

Frau E arbeitet als Lehrerin, Herr E ist Geschäftsführer einer medizinischen Einrichtung. Als ich nach 12 Jahren Familie E wieder aufsuchte, lebte nur noch die jüngste Tochter Gesine zu Hause. Sie besucht das Gymnasium und will in zwei Jahren Abitur machen. Die älteste Tochter, Ulrike, hat nach dem Abitur eine Banklehre gemacht und studiert jetzt Medizin. Die zweite Tochter, Marlies, arbeitet als graduierte Betriebswirtin für eine westdeutsche Firma in Sachsen-Anhalt. Der Sohn Axel ist Journalist geworden und hält sich überwiegend im Ausland auf.

Für die drei außerhalb lebenden Eltern ihrer Kinder haben Herr und Frau E ihr Haus immer offen gehalten. In ihrem Tagebuch vor 12 Jahren beschrieb Frau E, wie die Väter ihrer Töchter ihre Kinder auch in ihrem Haus besuchen können, ohne daß dies Streß verursacht.[9]

Familie F:

Frau F, 50 Jahre alt, wohnt in einer 2 1/2-Zimmer-Altbauwohnung im Stadtzentrum Hamburgs. Sie wohnt allein, seit ihre Tochter, Monika, 26 Jahre, vor vier Jahren auszog.

Nach der Trennung von ihrem Mann 1980 ist es Frau F zunächst sehr schlecht gegangen. Die Wohnung, inzwischen saniert und modernisiert, war heruntergekommen und schwer zu beheizen. Ihr Mann zahlte ihr keinen Unterhalt, und auch der Kindesunterhalt kam nie regelmäßig. Sie arbeitete nachts bei der Post, um zu Hause zu sein, wenn die Tochter aus der Schule kam.

Als ich Frau F nach 12 Jahren wiedersah, arbeitete sie seit 10 Jahren in ihrem erlernten Beruf als Buchhalterin bei einer großen Transportfirma. Ihre Tochter Monika hat das Abitur gemacht und studiert Psychologie. Sie konnte nicht interviewt werden, da sie sich im Ausland aufhielt.

Zu dem geschiedenen Mann von Frau F besteht kein Kontakt.

Anmerkungen

1 Im früheren Bundesgebiet hat sich die Zahl der Ehescheidungen von 48.874 im Jahr 1960 auf 122.869 im Jahr 1990 fast verdreifacht. Im gleichen Zeitraum erreichte die Zahl der Ehescheidungen in der ehemaligen DDR ein Niveau von etwa 50.000. Dies bedeutet, daß die Scheidungshäufigkeit dort um 50 Prozent höher war als im früheren Bundesgebiet (Wirtschaft und Statistik 1/1993, S. 43).

2 Während im früheren Bundesgebiet in den letzten Jahren in etwa 50 Prozent der Scheidungsfamilien minderjährige Kinder lebten, erreichte dieser Anteil in den neuen Ländern und in Berlin-Ost rund 70 Prozent. In ganz Deutschland waren 1990 insgesamt 118.340 Kinder von der Scheidung ihrer Eltern betroffen (Wirtschaft und Statistik 1/1993, S. 47).

3 Vgl. Napp-Peters, 1988, S. 37ff.

4 Fachsprachlich habe ich dafür den Begriff ko-elterliche Interaktion eingeführt (vgl. Napp-Peters, 1988, S. 45).

5 Die Stichprobe der 150 Scheidungsfamilien ist Teil einer repräsentativen Stichprobe von 400 Ein-Elternteil-Familien, die ich im Rahmen eines empirischen Forschungsprojektes der Deutschen Forschungsgemeinschaft (DFG) aus 23 Einwohnerämtern der Bundesländer Schleswig-Holstein, Hamburg und Niedersachsen erhalten habe. Stichprobengewinnung und methodisches Vorgehen unter den Bedingungen des Datenschutzes sind in dem dazu veröffentlichten Buch Ein-Elternteil-Familien (Napp-Peters 1985, S. 25-44) ausführlich dargestellt.

6 Vgl. Emery 1982; Hess und Camara 1979; Hetherington et al. 1978; Hodges et al. 1983; Kurdeck und Berg 1983; Porter und O'Leary 1980; Tuckman und Regan 1966; Wallerstein und Kelly 1980.

7 Die Hypothese von Santrock und Warshak (1979), daß Anpassungsschwierigkeiten und Entwicklungsstörungen bei Kindern nach der Scheidung nur dann auftreten, wenn der sorgeberechtigte Elternteil das gegenteilige Geschlecht aufweist, ließ sich nach unseren Untersuchungsergebnissen nicht aufrechterhalten. Jungen und Mädchen mit andauernden Störungen waren in den betroffenen Mutter- und Vaterfamilien anteilmäßig etwa gleich stark verteilt (vgl. Napp-Peters 1988, S. 41f.).

8 Vgl. Napp-Peters 1988, S. 40f.

9 Die Innenministerien von zwei der drei beteiligten Bundesländer hatten die Untersuchung der Kinder mit dem Hinweis auf datenschutzrechtliche Erwägungen abgelehnt.

10 Das Kind lebt nach der Scheidung in einem Familiensystem, das in einen väterlichen und in einen mütterlichen Haushalt organisiert ist. Diese zwei familialen Subsysteme bilden den Kern seiner Orientierungsfamilie. Eine solche Zwei-Haushalte-Familie habe ich in meinem Buch »Scheidungsfamilien« (vgl. Napp-Peters 1988, S. 14) als binukleares (Zwei-Kern) Familiensystem bezeichnet.

11 Vgl. Visher und Visher 1988; Pasley und Ihinger-Tallmann 1988; Beer 1989; Friedl und Maier-Aichen 1991.

12 Familien, in denen sich der mit den Kindern lebende Elternteil wiederverheiratet hat, bezeichne ich als Mehrelternfamilien (zur Definition vgl. Kapitel 1.3).

13 Auf die Forschungsmethoden gehe ich im Anhang ausführlich ein.

14 Unter den 29 Familien, die wir nicht mehr auffinden konnten, sind 5 Familien, 2 Väter und 3 Mütter, die nicht die deutsche Staatsangehörigkeit hatten und die vermutlich mit ihren Kindern in ihre Heimatländer zurückgekehrt sind.

15 In unserem Anschreiben an die 150 Mütter und Väter aus der ersten Erhebung war als Ziel unserer Fortsetzungsstudie genannt, »Informationen über die Entwicklung von Familien nach der Scheidung zu erlangen«.

16 Die Scheidung der Eltern lag bei der ersten Erhebung im Durchschnitt viereinhalb Jahre zurück (vgl. Napp-Peters 1988, S. 45).

17 Darunter sind 2 Fälle von sexuellem Mißbrauch der Töchter durch den Vater, die uns gegenüber in der ersten Erhebungsphase 1980/81 nicht erwähnt worden waren und die erst nach der Scheidung zur Anzeige kamen. In einem Fall konnten wir mit Mutter und Tochter sprechen. In dem zweiten Fall sprachen wir nur mit der Tochter. Sie hatte den Vater angezeigt, worauf ihre Mutter (die uns ein Interview verweigerte) den Kontakt zu ihr abgebrochen hatte.

18 Insgesamt 12 Eltern, 8 Prozent der ursprünglichen Stichprobe, haben die Teilnahme an der zweiten Erhebung für sich und ihre Familien abgelehnt. Darunter ist eine Mutter, die die Tatsache, daß sie einen Sohn hat (der heute 18 Jahre alt sein muß und vermutlich beim Vater lebt), völlig verdrängt hatte. Sie war zunächst zu einem Gespräch mit uns bereit und bestätigte, daß sie unverändert seit 16 Jahren in ihrer Wohnung lebe, bestritt dann aber, jemals ein Kind gehabt zu haben.

19 Die Interviews wurden von fünf Mitarbeiterinnen und mir geführt. Die Mitarbeiterinnen, drei Diplomsoziologinnen und zwei Diplompädagoginnen, hatten vorher bereits als Interviewerinnen gearbeitet und waren für die Interviews mit den Scheidungsfamilien besonders geschult worden.

20 Über die Verteilung nach Position in der Familie und Geschlecht des Interviewpartners gibt Tabelle 2 im Anhang Auskunft.

21 Zwei Väter hatten sich noch am Tag der gerichtlichen Scheidung das Leben genommen.

22 Zur Auflösung (Desorganisation) der Familienbeziehungen durch die Scheidung vgl. Napp-Peters 1992: Mehrelternfamilien – Psychosoziale Folgen von Trennung und Scheidung aus soziologischer Perspektive. In: Arbeitsgemeinschaft für Jugendhilfe – AGJ (Hrsg.): Lebenswelten gestalten, Münster 1992, S. 130-138.

23 Der Begriff »parallel parenting« stammt von Fürstenberg und Cherlin (1991) und bezeichnet eine Art »Nebeneinandererziehen« der Kinder, das in Scheidungshaushalten praktiziert wird.

24 In etwa einem Viertel aller Adoptionen handelt es sich um Adoptionen durch Stiefeltern (vgl. Napp-Peters 1978, S. 66).

25 Visher und Visher (1987) haben auf das Phänomen der »Stieffamilie mit der Tarnkappe« verwiesen. Um die eigene Verletzbarkeit zu verringern, folgen diese Familien der Strategie der »Normalisierung als ob« (vgl. Krähenbühl) et al. 1986. Scheib 1987; Fürstenberg 1987; Friedl und Maier-Aichen 1991). Cherlin (1978) sieht darin die Folge mangelnder gesellschaftlicher Institutionalisierung der Stieffamilie.

26 Ein Portrait der sechs Familien A bis F, mit denen die mehrstündigen biographischen Interviews durchgeführt wurden, findet sich im Anhang.

27 Vgl. Hoffmann-Riem 1984, S. 285 ff.

28 Wieviele Kinder, Eltern und Stiefeltern wir in jeder der vier Familienformen befragt haben und welches Geschlecht die Befragten hatten, geht aus Tabelle 2 im Anhang hervor.

29 Die Familienportraits der Familien A und B sind im Anhang aufgeführt.

30 Vor 12 Jahren lebten 62 Prozent der Eltern mit einem Kind, 27 Prozent mit zwei Kindern und 11 Prozent mit drei und mehr Kindern zusammen.

31 Von den 25 erwerbstätigen Eltern arbeiten drei als angelernte Arbeiter, zwei als Facharbeiter/Werkmeister, fünf sind selbständige Handwerker und Einzelhändler, zwei sind Beamte im höheren Dienst (Lehrer, Richter), zwei Freiberufler (Grafiker und Zahnarzt), zwei arbeiten im mittleren und gehobenen Verwaltungsdienst, drei als Angestellte und sechs als Sachbearbeiter.

32 Bei unserer zweiten Erhebung 1992/93 waren 70 Prozent der Eltern in zweiter Ehe verheiratet, 18 Prozent lebten in langjähriger, fester Partnerschaft, 6 Prozent waren verwitwet und 6 Prozent gerade nach zweiter Ehe geschieden.

33 Das Familienportrait der Familie E ist im Anhang aufgeführt.

34 In jeder fünften Familie wuchsen das Kind bzw. die Kinder aus der ersten geschiedenen Ehe allein auf. Bei jeder dritten Familie sind Halbgeschwister aus der neuen Partnerschaft des Elternteils und bei der Hälfte der Familien sind Stiefgeschwister hinzugekommen, die aus einer früheren Ehe des Stiefelternteils stammen. Unterschiede in der Beziehung zu Geschwistern, Stiefgeschwistern oder Halbgeschwistern gab es selten. Die meisten Kinder (75 Prozent) gaben an, daß sie gut mit den Stiefgeschwistern auskommen.

35 Sie gehörten in der ersten Erhebungsphase also nicht zu den binuklearen Familien unserer Stichprobe.

36 Der Zwillingsbruder Frank zog mit der Mutter in eine andere Stadt, wo er bei den Großeltern mütterlicherseits aufwuchs, während Reinhard beim Vater in der alten Wohnung blieb (vgl. dazu das Familienportrait der Familie D im Anhang).

37 In meiner Studie über Ein-Elternteil-Familien gaben 51 Prozent der 400 alleinstehenden Väter und Mütter an, unter Einsamkeit und sozialer Isolierung zu leiden (vgl. Napp-Peters 1985, S. 107f.).

38 Seit dem Urteil des Bundesverfassungsgerichts vom 3. November 1982 darf die elterliche Sorge auch nach der Scheidung von den Eltern gemeinsam ausgeübt werden. Eltern sind damit zum erstenmal wirklich frei, den Weg zu wählen, den sie für richtig halten.

39 77 Prozent der befragten Kinder haben Geschwister aus der geschiedenen Ehe der Eltern. Zum Zeitpunkt der zweiten Erhebung lebte noch knapp die Hälfte von diesen mit Geschwistern zusammen in der Wohnung des sorgeberechtigten Elternteils. Die Beziehung zu den Geschwistern bezeichneten rund 30 Prozent als eng und herzlich und 35 Prozent als freundlich und locker. 25 Prozent streiten viel, fühlen sich aber mit den Geschwistern eng verbunden. 10 Prozent bezeichneten die Beziehung zu den Geschwistern als distanziert bis ablehnend.

40 Vgl. dazu: Napp-Peters: Sozialisation durch den Vater, Rollenwandel oder Diversifikation familialer Lebensformen? In: Neue Praxis, Heft 5, 1987, S. 413-422.

41 Vgl. dazu das Familienportrait der Familie F im Anhang.

42 Vgl. Bertram 1991.

43 Vgl. Kapitel 2 und Kapitel 2.1.

44 Die fehlenden 26 Kinder aus dieser Gruppe, über die wir keine Angaben haben, gehören zu den 41 Familien der Stichprobe, die wir nicht wieder auffinden konnten (vgl. Kap. 1.2).

45 Für die Probleme mit den Eltern ebenso wie für die scheidungsbedingten Schwierigkeiten (vgl. Kap. 5.1) spielt die Frage, ob das Kind

in einer Vaterfamilie oder in einer Mutterfamilie aufgewachsen ist, keine signifikante Rolle.

46 Diese zwei Kinder wuchsen in Einelternfamilien auf, die kooperieren, und gehören zu der Gruppe der 27 Kinder, die ihre scheidungsbedingen Schwierigkeiten nicht bewältigen konnten.

47 Vgl. Hetherington, Cox und Cox 1985; Fürstenberg und Cherlin 1991.

48 Vgl. Bundesminister für Jugend, Familie, Frauen und Gesundheit (Hrsg.): Das neue Kinder- und Jugendhilfegesetz, 2. Aufl, Bonn 1990, S 12f.

49 Vgl. Jopt 1992, S. 328ff.

50 Heute gibt es in den meisten Großstädten Selbsthilfegruppen für erwachsene Geschiedene und in einigen Regionen auch Beratungsstellen. Einen Überblick über Scheidungsberatung in Forschung und Praxis geben Witte et al. 1994. Für Kinder und Jugendliche aber, die am stärksten durch eine Scheidung belastet sind, fehlen konkrete therapeutisch orientierte Angebote noch weitgehend, vgl. dazu Jaede et al. 1994.

51 Vgl. Fthenakis et al. 1982; Jopt 1992

Anmerkungen zum Anhang

1 Sozialdaten zu Eltern wurden nicht neu erhoben, soweit sie Schule, Berufsausbildung, Herkunftsfamilie u.a. betrafen. Weitere Daten, die wir bereits in der ersten Erhebungsphase erhoben hatten, wurden ergänzt und auf den neuesten Stand gebracht.

2 Vgl. Fuchs, W.: Biographische Forschung, Opladen 1984, S.287ff.

3 Das Inkognito der Familien ist durch die Veränderung von Namen und Ortsangaben gesichert.

4 Die Auseinandersetzungen mit seiner geschiedenen Frau hat Herr A ausführlich in seinem Tagebuch beschrieben (vgl. Napp-Peters 1988, S. 69ff.).

5 Frau B hat ihre Erfahrungen mit dem Sozialamt eindringlich in ihrem Tagebuch beschrieben (vgl. Napp-Peters 1988, S.75ff.).

6 Das Kind der geschiedenen Frau C entstammt der Beziehung zu einem anderen Mann, von dem sie sich wieder getrennt hat.

7 Auszüge aus dem Tagebuch von Herrn C sind in Napp-Peters 1988, S. 82f. nachzulesen.

8 Vgl. Napp-Peters 1988, S. 63 f.

9 Vgl. die Tagebucheintragungen in Napp-Peters, 1988, S. 65ff. und S. 84f.

Literatur

Balloff, R. und Walter, E.: Gemeinsame elterliche Sorge als Regelfall? in: Zeitschrift für das gesamte Familienrecht (Fam RZ) 37, 1990, S. 445-454

Balloff, R. und Walter, E.: Reaktionen der Kinder auf die Scheidung der Eltern bei alleiniger oder gemeinsamer elterlicher Sorge, in: Psychologie in Erziehung und Unterricht, 38. Jg., 1991, S. 81-95

Beal, E. W. und Hochmann, G.: Wenn Scheidungskinder erwachsen sind. Psychische Spätfolgen der Trennung, Frankfurt a.M. 1992

Beck-Gernsheim, E.: Scheidung und Scheidungsfolgen – Soziologische und psychologische Perspektiven, in: Herlth, A., Brunner, E.J., Tyrell, H. und Kriz, J. (Hrsg.): Abschied von der Normalfamilie? Partnerschaft kontra Elternschaft, Berlin, Heidelberg 1994, S. 159-174

Beer, W.R.: Strangers in the house. The world of stepsiblings and halfsiblings, New Brunswick 1989

Bermann, C.: Eine Wunde im Herzen. Erwachsene Kinder geschiedener Eltern berichten, Düsseldorf und Wien 1993

Bertram, H. (Hrsg.): Die Familie in Westdeutschland. Stabilität und Wandel familialer Lebensformen, Opladen 1991

Biller, H. B.: Paternal deprivation, Lexington, Mass. 1974

Biller, H. B.: Father absence, divorce, and personality development, in: Lamb, M. E.: The role of the father in child development, New York, 2. Auflage 1981, S. 489-552

Bundesminister für Jugend, Familie, Frauen und Gesundheit (Hrsg.): Das neue Kinder- und Jugendhilfegesetz, 2. Auflage, Bonn 1990

Cherlin, A.J.: Remarriage as an incomplete Institution, in: American Journal of Sociology, 84. Jg., 1978, S. 634-650

Clingempeel, G.W. und Repucci, N. D.: Joint custody after divorce. Major issues and goals for research, in: Psychological Bulletin, 91. Jg., 1982, S. 102-127

Derdeyn, A. P.: Divorce and children: Clinical interventions, in: Psychiatric annals 10, 1980, S. 145-159

Deutsches Jugendinstitut (Hrsg.): Beratung von Stieffamilien, von der Selbsthilfe bis zur sozialen Arbeit, München 1993

Emery, R. E.: Interparental conflict and the children of discord and divorce, in: Psychological Bulletin 92, 1982, S. 310-330

Emery, R. E., Hetherington, M. und Dilalla, L. F.: Divorce, children and social policy, in: Stevenson, H.W. und Siegel A. E. (Hrsg.): Child development research and social policy, Bd. 1, Chicago 1984

Figdor, H.: Kinder aus geschiedenen Ehen: Zwischen Trauma und Hoffnung, Mainz 1991

Friedl, I. und Maier-Aichen, R.: Leben in Stieffamilien. Familiendynamik und Alltagsbewältigung in neuen Familienkonstellationen, Weinheim und München 1991

Fuchs, W.: Biographische Forschung. Eine Einführung in Praxis und Methoden, Opladen 1984

Fürstenberg, F.F. und Seltzer, J.A.: Divorce and child development, in: Adler, P.A. und Adler, P. (Hrsg.): Sociological studies of child development, Bd. 1, Greenwich 1986

Fürstenberg, F.F. Jr.: Fortsetzungsehen. Ein neues Lebensmuster und seine Folgen, in: Soziale Welt, 38. Jg., 1987, S. 29-39

Fürstenberg, F.F. Jr. und Cherlin, A.J.: Divided families. What happens to children when parents part, London 1991

Fthenakis, W.E., Niesel, R. und Kunze, H.-R.: Ehescheidung. Konsequenzen für Eltern und Kinder, München 1982

Fthenakis, W.E., Niesel, R. und Griebel, W.: Interventionsansätze zur Ehescheidung – Systematisierung, Evaluation, Interventionsziele, in: Zeitschrift für Familienforschung, 3. Jg., Heft 2, 1991, S. 52-61

Gaier, O.A.: Der Riß geht durch die Kinder. Trennung, Scheidung und wie man Kindern helfen kann, München 1987

Goetting, A.: The six stations of remarriage: Developmental tasks of remarriage after divorce, in: Family Relations, Jg. 31, 1982, S. 213-222

Haffter, C.: Kinder aus geschiedenen Ehen. Eine Untersuchung über den Einfluß der Ehescheidung auf Schicksal und Entwicklung der Kinder nach ärztlichen, juristischen und fürsorgerischen Fragestellungen, Bern 1948

Herlth, A., Brunner, E.J., Tyrell, H. und Kriz, J. (Hrsg.): Abschied von der Normalfamilie? Partnerschaft kontra Elternschaft, Berlin und Heidelberg 1994

Herzog, E. und Sudia, C.E.: Children in fatherless families, in: Caldwell, B.M. und Ricciuti, H.N. (Hrsg.): Review of child development research, Vol. III: Child development and social policy, Chicago 1973, S. 141-232

Hess, R.D. und Camara, K.A.: Post-divorce family relationships as mediating factors in the consequences of divorce for children, in: Journal of Social Issues 35, 1979, S. 79-96

Hetherington, E.M., Cox, M. und Cox, R.: The aftermath of divorce, in: Stevens, J.H. und Matthews, M. (Hrsg.): Mother-child, father-child relationships. National Association for the education of the young children, Washington D.C. 1978, S. 149-176

Hetherington, E.M.: Divorce, a child's perspective, in: American Psychologist, Vol. 34, Nr. 10, 1979, S. 851-858
Hetherington, E.M., Cox, M. und Cox, R.: Long-term effects of divorce and remarriage on the adjustment of children, in: Journal of the American Academy of Child Psychiatry, Bd. 24, Nr. 5, 1985, S. 518-530
Hettlage, R.: Familienreport. Eine Lebensform im Umbruch, München 1992
Hodges, W.F., Buchsbaum, H.K. und Tierney, C.W.: Parent-child relationships and adjustment in pre-school children in divorced and intact families, in: Journal of Divorce 1983, 7, S. 43-48
Hoffmann-Riem, C.: Das adoptierte Kind. Familienleben mit doppelter Elternschaft, München 1984
Jaede, W., Wolf, J. und Zeller, B.: Das Freiburger Gruppeninterventionsprogramm für Kinder aus Trennungs- und Scheidungsfamilien, in: Praxis der Kinderpsychologie und Kinderpsychiatrie, 43. Jg., Heft 10, 1994, S. 359-366
Jopt, U.-J.: Im Namen des Kindes, Plädoyer für die Abschaffung des alleinigen Sorgerechts, Hamburg 1992
Kalter, N.: Children of divorce in an outpatient psychiatric population, in: American Journal of Orthopsychiatry 47, 1977, S. 40-51
Kalter, N. und Rembar, J.: The significance of a child's age at the time of parental divorce, in: American Journal of Orthopsychiatry 51, 1981, S. 85-100
Krabbe, H.: Kollision: Scheidung und die Folgen für die Eltern-Kind-Bindung, In: Herlth, A., Brunner E.J., Tyrell, H. und Kriz, J. (Hrsg.): Abschied von der Normalfamilie? Partnerschaft kontra Elternschaft, Berlin 1994, S. 148-158
Krähenbühl, V., Jellouschek, H., Kohaus-Jellouschek, M. und Weber, R.: Stieffamilien. Struktur, Entwicklung, Therapie, Freiburg 1986
Kurdeck, L.A.: An integrative perspective on children's divorce adjustment, in: American Psychologist, 36. Jg., 1981, S. 856-866
Kurdeck, L.A. und Berg, B.: Correlates of childrens adjustment to their parent's divorces, in: Kurdeck, L.A. (Hrsg.): Children and Divorce, San Francisco 1983
Lehr, U.: Die Rolle von Mutter und Vater in der frühen Sozialisation des Kindes, in: Therapiewoche 30, 1980, S. 649-665
Longfellow, C.: Divorce in context: Its impact on children, in: Levinger, G. und Moles O.C. (Hrsg.): Divorce and separation. Context, causes and consequences. New York 1979, S. 287-306
Lüscher, K., Schultheis, F. und Wehrspaun, M. (Hrsg.): Die postmoderne Familie, Konstanz 1988

McDermott, J. F.: Divorce and its psychiatric sequelae in children, in: Archives of General Psychology 23, 1970, S. 421-427
Napp-Peters, A.: Adoption – Das alleinstehende Kind und seine Familien. Geschichte, Rechtsprobleme und Vermittlungspraxis, Neuwied und Darmstadt 1978
Napp-Peters, A.: Geschlechtsrollenstereotypen und ihr Einfluß auf Einstellungen zur Ein-Elternteil-Situation, in: Kölner Zeitschrift für Soziologie und Sozialpsychologie 35, 1983, S. 321-334
Napp-Peters, A.: Ein-Elternteil-Familien, Soziale Randgruppe oder neues familiales Selbstverständnis? Weinheim und München, 2. Auflage 1987
Napp-Peters, A.: Sozialisation durch den Vater – Rollenwandel oder Diversifikation familialer Lebensformen? in: Neue Praxis, Heft 5, 1987, S. 413-422
Napp-Peters, A.: Scheidungsfamilien, Interaktionsmuster und kindliche Entwicklung. Schriftenreihe des Deutschen Vereins für öffentliche und private Fürsorge, Frankfurt 1988
Napp-Peters, A.: Scheidungsfamilien aus längsschnittlicher Perspektive, in: Zeitschrift für Familienforschung, 3. Jg., Heft 2, 1991, S. 14-20
Napp-Peters, A.: Die Familie im Prozeß von Trennung, Scheidung und neuer Partnerschaft, in: Hahn, J., Lomberg, B. und Offe, H. (Hrsg.): Scheidung und Kindeswohl, Heidelberg 1992 a, S. 13-24
Napp-Peters, A.: Mehrelternfamilien - Psychosoziale Folgen von Trennung und Scheidung aus soziologischer Perspektive, in: Arbeitsgemeinschaft für Jugendhilfe-AGJ (Hrsg.): Lebenswelten gestalten, Münster 1992 b, S. 130-138
Pais, J. und White, P.: Family redefinition: A review of the literature toward a model of divorce adjustment, in: Journal of Divorce 2, 1979, S. 271-281
Pasley, K. und Ihinger-Tallmann, M. (Hrsg.): Remarriage and stepparenting. Current research and theory, New York und London 1987
Porter, B. und O'Leary, K.D.: Marital Discord and childhood behavior problems, in: Journal of abnormal Child Psychology 8, 1980, S. 287-295
Roussel, L.: Ehen und Ehescheidungen, in: Familiendynamik, 5. Jg., 1980, S. 186-203
Roussel, L.: Demographische Veränderungen und neue Familienmodelle, in: Zeitschrift für Bevölkerungswissenschaft, 2. Jg., 1980, S. 237-244
Rowntree, G.: Early childhood in broken families, in: Population studies 8, 1955, S. 247-253
Santrock, J.W. und Warshak, R.A.: Father custody and social development in boys and girls, in: Journal of Social Issues 33, 1979, S. 112-125

Scheib, A.: Der zweite Anlauf zum Glück. Risiko und Chance der Stief-Familie, München 1987

Schoettle, U.C. und Cantwell, D.P.: Children of divorce – Demographic variables symptoms, and diagnoses, in: American Academy of Child Psychiatry 19, 1980, S. 453-475

Schmidt, A.: Väter ohne Kinder. Sorge, Recht und Alltag nach Trennung oder Scheidung, Reinbek 1993

Schulmann, G.L.: Divorce, single parenthood and stepfamilies: Structural implications of these transactions, in: International Journal of Family Therapy, Vol. 312, 1981, S. 87-112

Schwarz, K.: Bevölkerungsentwicklung und Familienstruktur, in: Archiv für Wissenschaft und Praxis der sozialen Arbeit, Sonderveröffentlichung: Familie – Tatsachen, Probleme, Perspektiven, Heft 2-4, Frankfurt 1986, S. 7-17

Shinn, M.: Father absence and children's cognitive development, in: Psychological Bulletin 85, 1978, S. 295-324

Simitis, S.: Kindschaftsrecht - Elemente einer Theorie des Familienrechts, in: Dieckmann, Albrecht u.a. (Hrsg.): Festschrift für Wolfram Müller-Freienfels, Sonderdruck, Baden-Baden 1986, S. 579-616

Spiegel, E.: Neue Haushaltstypen. Entstehungsbedingungen, Lebenssituationen, Wohn- und Standortverhältnisse, Frankfurt 1986

Statistisches Bundesamt Wiesbaden (Hrsg.): Wirtschaft und Statistik: Ehescheidungen 1990/91, Heft 1, 1993, S. 43-47

Tessmann, L.H.: Children of parting parents, New York 1978

Théry I.: Die Familie nach Scheidung. Vorstellungen, Normen, Regulierungen. In: Lüscher, K., Schultheis, F. und Wehrspaun M. (Hrsg.): Die postmoderne Familie, Konstanz 1988, S. 84-97

Thomas, A.: Untersuchungen zum Problem der vaterlosen Erziehung in ihrem Einfluß auf die psycho-soziale Entwicklung des Kindes, in: Psychologische Beiträge 22, 1980, S. 27-48

Tooley, K.: Antisocial behavior and social alienation post divorce: The »man of the house« and his mother, in: American Journal of Orthopsychiatry 46, 1976, S. 33-42

Tuckmann. J. und Regan, R.A.: Intactness of the home and behavioral problems in children, in: Journal of Child Psychology and Psychiatry 7, 1986, S. 225-233

Visher, E.B. und Visher, J.S.: Stiefeltern, Stiefkinder und ihre Familien. Probleme und Chancen, München und Weinheim 1987

Visher, E.B. und Visher, J.S.: Treating families with problems associated with remarriage and step relationships, in: Chilman, C. et al. (Hrsg.): Variant family forms, Families in trouble series, Vol. 5, London 1988, S. 222-244

Wallerstein, J.S. und Kelly J.B.: Surviving the breakup: How children and parents cope with divorce, New York 1980
Wallerstein, J. und Blakeslee, S.: Gewinner und Verlierer. Frauen, Männer, Kinder nach der Scheidung. Eine Langzeitstudie, München 1989
Witte, E.H., Sibbert, J. und Kesten, I.: Trennungs- und Scheidungsberatung. Grundlagen-Konzepte-Angebote, Stuttgart 1992

Helgard Roeder

Mit einem Kind habe ich nicht gerechnet

Männer und Schwangerschaft

»Kinder oder keine? Die Verständigung zwischen Weiblein und Männlein klappt schlecht. Dies geht aus einer Studie hervor, die in kommentierter und leicht lesbarer Form jetzt als Buch veröffentlicht worden ist. Helgard Roeder hat sich aufgemacht, die weniger offenkundige Seite dieses Problems zu ergründen: den oft verschütteten männlichen Wunsch nach Kindern.«
(Luzius Stucki, Die Zeit)
»In Gesprächen und Interviews mit verheirateten und nicht verheirateten Paaren aus allen sozialen Schichten hat Helgard Roeder die Tabuzonen ausgeleuchtet, die eine wirkliche Verständigung im Schwangerschaftskonflikt behindern.«
(Sächsische Zeitung)

200 Seiten, Broschur

Verlag Antje Kunstmann

Rosalind Coward

Unsere trügerischen Herzen

Warum Frauen immer alles
falsch machen, obwohl sie
alles besser wissen

Frauen stehen heute alle Wege offen, so scheint es. Dennoch kämpfen die meisten – inzwischen privat – mit denselben Problemen, verlassen auch erfolgreiche Frauen lukrative Jobs und vielversprechende Karrieren, um sich voll ihren Kindern zu widmen.
»Statt mehr Unterstützung, etwa in der Kindererziehung, zu fordern und Veränderungen durchzusetzen, sind Frauen lieber zu persönlichen Opfern bereit – in stiller Komplizenschaft mit dem System, wie Rosalind Coward erklärt. Ein kluges und wichtiges Buch, das hilft, die Zwickmühlen zu begreifen, in denen wir heute stecken.«
(Brigitte)

Deutsch von Thomas Lindquist, 260 Seiten, Broschur

Verlag Antje Kunstmann

Caroline Eliacheff

Das Kind, das eine Katze sein wollte

Psychoanalytische Arbeit mit
Säuglingen und Kleinkindern

Die oft nur wenige Monate alten Kinder, die in die Praxis von Caroline Eliacheff kommen, haben eine familiäre Tragödie durchlebt: Ausgesetzt, mißhandelt, per Gerichtsbeschluß von ihren Eltern getrennt, äußern sich die Narben ihrer Seele in schweren körperlichen Symptomen, die eine Behandlung nötig machen: die Behandlung durch eine Psychoanalytikerin.

»Das Buch hat eine suggestive Kraft, die akademischen Gedanken, welche bekanntlich im Gänsemarsch gehen, leider oft fehlt.«
(Martin Dornes, Frankfurter Rundschau)

»Ein Buch, das lehrt, wie ernst man die Kinder nehmen sollte.«
(Barbara von Becker, Süddeutsche Zeitung)

Deutsch von Susanne Farin, 196 Seiten, Broschur